"十三五"职业教育国家规划教材
"互联网＋教育"新形态教材

普通话教程

主编　高乃尧　宋　睿　白彩香　杨　兰

江苏大学出版社
JIANGSU UNIVERSITY PRESS
镇　江

内 容 提 要

本书以《普通话水平测试大纲》和《普通话水平测试实施纲要》为依据，结合普通话水平测试的题型和测试要求，从语音知识、发音方法、正音技巧等方面进行了系统、全面的讲解，并配有大量有针对性的训练材料，以便于学生纠正发音。此外，本书还对计算机辅助普通话水平测试的测试流程、注意事项做了详细介绍，从而帮助学生解答“怎么考”的疑惑。

本书是一本实用性很强的普通话学习指导用书，可作为各类院校普通话课程的教材，也可作为其他人员的普通话水平测试培训用书。

图书在版编目（CIP）数据

普通话教程 / 高乃尧等主编. -- 镇江 : 江苏大学出版社, 2017.8（2021.5 重印）
ISBN 978-7-5684-0531-7

Ⅰ. ①普… Ⅱ. ①高… Ⅲ. ①普通话－教材 Ⅳ. ①H102

中国版本图书馆 CIP 数据核字(2017)第 191478 号

普通话教程
Putonghua Jiaocheng

主　　编 / 高乃尧　宋　睿　白彩香　杨　兰
责任编辑 / 米小鸽　张　冠
出版发行 / 江苏大学出版社
地　　址 / 江苏省镇江市梦溪园巷 30 号（邮编：212003）
电　　话 / 0511-84446464（传真）
网　　址 / http://press.ujs.edu.cn
排　　版 / 北京同文印刷有限责任公司
印　　刷 / 北京同文印刷有限责任公司
开　　本 / 880 mm×1 230 mm　1/16
印　　张 / 11
字　　数 / 310 千字
版　　次 / 2017 年 8 月第 1 版
印　　次 / 2021 年 5 月第 8 次印刷
书　　号 / ISBN 978-7-5684-0531-7
定　　价 / 45.00 元

如有印装质量问题请与本社营销部联系（电话：0511-84440882）

前 言 PREFACE

推广普通话是我国的基本语言政策，也是现代汉语发展的必然要求。掌握和使用普通话是现代各行各业的工作人员，特别是播音员、节目主持人、教师、演员、国家机关工作人员必备的职业素质，也是学生顺利就业的必要条件。

目前，许多院校都已把提高普通话水平纳入培养目标和有关课程标准。为适应这种形势，我们精心编写了这本《普通话教程》，旨在为学生提供一本既科学严谨，又简洁实用的普通话教材。

本书具有以下特色：

1. 内容实用，强化训练

本书在内容安排上十分注重实用性，书中针对普通话中的语音难点和部分方言区的人可能存在的薄弱环节进行了重点讲解，对易读错和易混淆的发音进行了详细分析。此外，为了增强教材的吸引力，让学生在轻松愉快的氛围中学好普通话，本书把理论知识和丰富多彩的训练材料结合起来，为学生提供了充足的练习资源。

2. 模块丰富，寓教于乐

本书设有“知识链接”“趣味小案例”“提示”“注意”等模块，极大地增强了教材的可读性和感染力。例如，“趣味小案例”中讲述了一些因发音不准而令人捧腹大笑的小故事，可调动学生学习普通话的积极性。

3. 立足权威，助力测试

本书以教育部、国家语言文字工作委员会颁布的《普通话水平测试大纲》和《普通话水平测试实施纲要》为依据，书中内容力求与普通话水平测试相统一，以帮助学生了解普通话水平测试的具体内容和要求，掌握测试的应对技巧，从而顺利地通过普通话水平测试。

4. 配套丰富，高效教学

本书配有高质量的教学资源、微课和教育平台。

（1）丰富的教学资源。包括课件、教案、练习、答案等，读者可以登录网站（http://www.bjjqe.com）下载。

（2）精心录制的微课。为重要知识点配备了微课，学生只需拿起手机扫一扫，就能获取相关发音技巧和所有字词训练、朗读训练的音频。通过反复听这些音频，学生可以及时发现并纠正自己的发音问题，更好地掌握普通话。

（3）贴心的文旌综合教育平台（https://www.wenjingjy.com）。提供院系、班级自动化管理功能，海量严格筛选的试题及多套专家组织的试卷，可让教师轻松布置作业、组织在线考试，以及让学生在 PC 端或移动端提交作业、进行学习自测和参加在线考试等。

在编写过程中，我们参阅了大量同行专家的有关著作，在此特向这些资料的作者表示诚挚的谢意。由于编者经历和水平有限，书中可能存在疏漏之处，诚请各位老师和广大读者批评指正。

本书编委会

主　编　高乃尧　宋　睿　白彩香　杨　兰

副主编　许　燕　臧　伟　杨　曙　付成波

李圆圆　王　蒙　沈丹萍　刘一凡

王　峰　武青国　宋　楠

目录

CONTENTS

第一章 了解普通话 /1

第一节 汉语方言与普通话 /2

一、汉语方言 /2

二、普通话 /4

第二节 怎样学习普通话 /5

一、学好语音的基础知识 /5

二、掌握学习普通话的具体方法 /6

第二章 声母——让吐字准确清晰 /8

第一节 声母的分类及发音 /9

一、辅音声母 /9

二、零声母 /14

第二节 声母分辨 /15

一、分辨 n、l 及 r /15

二、分辨 zh、ch、sh 和 z、c、s /17

三、分辨 f 和 h /18

四、分辨 j、q、x 与 z、c、s /19

五、分辨不送气音和送气音 /20

六、读准零声母的字 /20

第三节 声母发音训练 /20

一、按发音部位训练 /20

二、对比发音训练 /23

三、绕口令训练 /24

第三章 韵母——让字音圆润动听 /27

第一节 韵母的结构、分类及发音 /28

一、韵母的结构 /28

二、韵母的分类 /28

三、韵母的发音 /29

第二节 韵母分辨 /37

一、分辨前、后鼻韵母 /37

二、分辨齐齿呼韵母与撮口呼韵母 /38

三、分辨合口呼韵母与撮口呼韵母 /38

四、分辨合口呼韵母与开口呼韵母 /38

目录

CONTENTS

第三节　韵母发音训练 /39
一、单韵母发音训练 /39
二、复韵母发音训练 /42
三、鼻韵母发音训练 /44

第四章　声调——让语音抑扬顿挫 /48

第一节　声调概述 /49
一、声调及其作用 /49
二、调值、调类、调号 /49
三、方言声调和普通话声调的区别 /50
第二节　声调训练 /51
一、声调基础训练 /51
二、单音节字声调训练 /51
三、两字词声调训练 /51
四、四字词声调训练 /53
五、声调对比练习 /54
六、综合训练 /54

第五章　音节——让语音响亮自然 /56

第一节　音节的构成 /57
一、音节的构成要素 /57
二、音节各构成要素之间的配合 /57
第二节　音节的拼读和拼写 /58
一、音节的拼读 /58
二、音节的拼写 /59
第三节　音节训练 /61
一、舌面后音与前鼻韵母 en 相拼训练 /61
二、舌尖后音与单韵母 u 相拼训练 /62
三、舌尖后音与前鼻韵母 en 相拼训练 /63
四、边音声母 l 与鼻韵母相拼训练 /64

第六章　音变——充满变化的色彩 /65

第一节　变调 /66
一、上声的变调 /66
二、“一”和“不”的变调 /66

目录

CONTENTS

第二节 轻声 /67
一、什么是轻声 /67
二、轻声的语音特性 /68
三、变读轻声的规律 /68
第三节 儿化 /69
一、儿化概述 /69
二、儿化的音变规律 /69
第四节 “啊”的变读 /70
一、叹词“啊” /70
二、语气词“啊” /71
第五节 普通话音变训练 /72
一、变调训练 /72
二、轻声训练 /74
三、儿化训练 /75
四、“啊”的音变训练 /78

第七章 朗读——声情并茂的艺术 /79

第一节 朗读的技巧 /80
一、语调 /80
二、重音 /81
三、停连 /81
四、节奏 /82
第二节 朗读的要求 /84
一、用规范的普通话语音朗读 /84
二、把握作品基调并正确使用朗读技巧 /85
第三节 朗读训练 /85
作品1号——《白杨礼赞》 /86
作品2号——《差别》 /86
作品3号——《丑石》 /87
作品4号——《达瑞的故事》 /87
作品5号——《第一场雪》 /88
作品6号——《读书人是幸福人》 /89
作品7号——《二十美金的价值》 /89
作品8号——《繁星》 /90
作品9号——《风筝畅想曲》 /90
作品10号——《父亲的爱》 /91

目录

CONTENTS

作品 11 号——《国家荣誉感》 /92
作品 12 号——《海滨仲夏夜》 /92
作品 13 号——《海洋与生命》 /93
作品 14 号——《和时间赛跑》 /93
作品 15 号——《胡适的白话电报》 /94
作品 16 号——《火光》 /95
作品 17 号——《济南的冬天》 /95
作品 18 号——《家乡的桥》 /96
作品 19 号——《坚守你的高贵》 /97
作品 20 号——《金子》 /97
作品 21 号——《捐诚》 /98
作品 22 号——《可爱的小鸟》 /98
作品 23 号——《课不能停》 /99
作品 24 号——《莲花和樱花》 /100
作品 25 号——《绿》 /100
作品 26 号——《落花生》 /101
作品 27 号——《麻雀》 /102
作品 28 号——《迷途笛音》 /102
作品 29 号——《莫高窟》 /103
作品 30 号——《牡丹的拒绝》 /104
作品 31 号——《“能吞能吐”的森林》 /104
作品 32 号——《朋友和其他》 /105
作品 33 号——《散步》 /105
作品 34 号——《神秘的“无底洞”》 /106
作品 35 号——《世间最美的坟墓》 /107
作品 36 号——《苏州园林》 /107
作品 37 号——《态度创造快乐》 /108
作品 38 号——《泰山极顶》 /108
作品 39 号——《陶行知的“四块糖果”》 /109
作品 40 号——《提醒幸福》 /109
作品 41 号——《天才的造就》 /110
作品 42 号——《我的母亲独一无二》 /110
作品 43 号——《我的信念》 /111
作品 44 号——《我为什么当教师》 /112
作品 45 号——《西部文化和西部开发》 /112
作品 46 号——《喜悦》 /113
作品 47 号——《香港：最贵的一棵树》 /113
作品 48 号——《鸟的天堂》 /114

作品 49 号——《野草》 /115
作品 50 号——《一分钟》 /115
作品 51 号——《一个美丽的故事》 /116
作品 52 号——《永远的记忆》 /116
作品 53 号——《语言的魅力》 /117
作品 54 号——《赠你四味长寿药》 /118
作品 55 号——《站在历史的枝头微笑》 /118
作品 56 号——《中国的宝岛——台湾》 /119
作品 57 号——《中国的牛》 /119
作品 58 号——《住的梦》 /120
作品 59 号——《紫藤萝瀑布》 /120
作品 60 号——《最糟糕的发明》 /121

第八章 说话——语言交际的技巧 /122

第一节 什么是说话 /123
一、说话的性质和形式 /123
二、说话的特征 /123
三、说话的过程 /124
第二节 普通话水平测试中的“说话” /127
一、普通话水平测试中“说话”的特征 /127
二、普通话水平测试中“说话”的表达方式 /127
三、普通话水平测试中“说话”的要求 /129
四、普通话水平测试中常见的“说话”失误 /131
第三节 说话训练 /133
一、说话的基本训练 /133
二、普通话测试中的命题说话训练 /135

第九章 普通话水平测试——让语音标准化 /140

第一节 普通话水平测试概述 /141
一、普通话水平测试的对象 /141
二、普通话水平的等级标准 /141
三、测试内容和范围 /142
四、试卷构成和评分 /143
第二节 普通话水平测试的应对策略与技巧 /146
一、普通话水平测试的应对策略 /147
二、普通话水平测试的技巧 /148

目录

CONTENTS

目录

CONTENTS

第三节　计算机辅助普通话水平测试 /148
一、总体流程 /149
二、上机考试的具体流程 /149

附录 /154

附录一　常用多音字表 /154
附录二　因按形声字的声旁读音而造成误读的字 /165

第一章

了解普通话

【引言】

听懂并且会说普通话，是一项必备的社交技能，也是一项基本的职业技能。我们从幼儿园阶段就开始学习普通话，但还是有很多人由于受方言影响而存在这样或那样的发音问题。在学习普通话的过程中，要注意掌握正确的学习方法，并进行有针对性的训练，这样才能够练就一口标准的普通话。

第一节　汉语方言与普通话

一、汉语方言

汉语是汉族的语言，也是我国的主要语言。汉语方言是语言的地域变体，是通行于一定地域的、为某一地区的人们所使用的语言。

根据方言形成和发展的历史以及方言的结构特点，可将汉语方言分为七大类，分别为北方方言、吴方言、湘方言、赣方言、客家方言、粤方言和闽方言。方言之间的差异主要表现在语音方面，词汇次之，语法的差异最小。

（一）北方方言

北方方言是现代汉民族共同语的基础方言，以北京话为代表，内部一致性较强。在汉语各方言中，它的分布地域最广，使用人口约占汉族总人口的73%。

根据各地发音的差异，北方方言又可分为四种次方言：

① 华北、东北方言。分布在京、津两市，河北、河南、山东、辽宁、吉林、黑龙江等省，以及内蒙古的部分地区。

② 西北方言。分布在山西、陕西、甘肃等省和青海、宁夏、内蒙古的部分地区，新疆的汉族人民使用的语言也属西北方言。

③ 西南方言。分布在四川、云南、贵州等省，湖北大部分地区（东南角除外），广西西北部和湖南西北角。

④ 江淮方言。分布在安徽省，江苏的长江以北地区（徐州、蚌埠一带除外）以及镇江以西、九江以东的长江南岸沿江一带。

下面以东北话为例，介绍它在发音方面的特点：

① 平翘舌音常常混用。例如，将“市长（shì zhǎng）”读作“寺长（sì zhǎng）”，“主力（zhǔ lì）”读作“阻力（zǔ lì）”。

② 声母 r 常被 n、l 和 y（零声母）替代。例如，将“儒（rú）”读作“lú”，“人（rén）”读作“yín”，“肉（ròu）”读作“yòu”。

③ 韵母 e 常被 o 替代。东北话里没有 bo、po、mo、fo 音节，但有 be、pe、me、fe 音节。例如，在东北话里，“胳膊（bo）”读作“胳膊（be）”，“衣服破（pò）了”读作“衣服破（pè）了”，“抚摩（mó）”读作“抚摩（mē）”，“乐山大佛（fó）”读作“乐山大佛（fé）”。

（二）吴方言

吴方言主要分布在上海市，浙江的大部分地区，江苏的长江以南、镇江以东地区（不包括镇江）和南通的小部分地区。早期吴方言的代表话是苏州话，现为上海话和苏州话。吴方言的使用人口约占汉族总人口的 7.2%。

下面以上海话为例，介绍它在发音方面的特点：

① 上海话里面没有翘舌音 zh、ch、sh。上海人常将翘舌音 zh、ch、sh 读成平舌音 z、c、s，如将“吃饭（chī fàn）”读作“cī fàn”。

② 上海话里没有前后鼻韵母之分，基本都将后鼻韵母读成前鼻韵母。例如，将“精、零、英（jīng、líng、yīng）”读作“jīn、lín、yīn”。

③ 上海话缺少 ai、ei、ao、ou 等复韵母。ao、ou 在上海话里发近似单韵母 u、o 的音。例如，把“好多”说得像“虎都”。

④ 缺少轻声和儿化音。上海人常将应读轻声的字读成本调，如将“舌头（shé tou）”读作“shé tóu”，容易让人误解成“蛇头”。另外，上海人一般不发儿化音。一方面是因为上海话本来就极少有儿化词；另一方面，卷舌 r 这个音对大多数上海人来说都比较难发出。

（三）湘方言

湘方言分布在湖南大部分地区（西北角除外），以长沙话为代表。湘方言内部还存在新湘语和老湘语的差别。新湘语在长沙等较大城市通行，受北方方言的影响较大；老湘语目前基本上只保留在湖南南部的湘语中。湘方言的使用人口约占汉族人口的 3.2%。

湘方言的发音特点主要是：① 声母 f 和 h 不分，ch 和 q 不分，sh 和 x 不分，n 和 l 不分，如将“灰（huī）”读作“fēi”，“吃（chī）”读作“qī”，“妮（nī）”读作“lī”；② 没有翘舌音；③ 鼻音韵尾一般多“-n”，少“-ng”。

（四）赣方言

赣方言分布在江西大部分地区（东北沿长江地区和南部除外），以南昌话为代表。赣方言的使用人口约占汉族总人口的 3.3%。赣方言的发音特点主要是：① 清音多，浊音少；② 平舌音和翘舌音不分；③ f 和 h，n 和 l 不分；④ 将后鼻韵母基本都读成前鼻韵母。

（五）客家方言

客家方言以广东梅县话为代表，主要分布在广东、福建、台湾、江西、广西、湖南、四川等省，其中以广东东部和北部、福建西部、江西南部和广西东南部为主。客家方言的使用人口约占汉族总人口的 3.6%。客家方言的发音特点是：① 平舌音和翘舌音不分；② f 和 h，n 和 l，i 和 ü 不分。

（六）粤方言

粤方言以广州话为代表，主要分布在广东中部、西南部和广西东部、南部，以及香港、澳门特别行政区。粤方言的使用人口约占汉族总人口的 4%。

粤方言的发音特点是：① 声调的第二声和第三声区别不大，尤其是第三声调值不到位，如将“雪（xuě）”读作“学（xué）”；② zh、ch、sh 与 j、q、x 混用，如把“知道（zhī dào）”读作“机道（jī dào）”，“少数（shǎo shù）”读作“小数（xiǎo shù）”；③ 介音（韵母的韵头）发音错误，以介音 i 为主，发音时，将“皆 jie”读作“je”，“奖（jiǎng）”读作“涨（zhǎng）”。

（七）闽方言

现代闽方言的主要分布区域跨越六省，包括福建和海南的大部分地区、广东的潮汕地区和雷州半岛、浙江南部的部分地区、广西的少数地区、台湾的大多数汉人居住区。闽方言的使用人口约占汉族总人口的 5.7%。

闽方言是各方言中内部差异最大、语音现象最复杂的一种方言，又可分为闽东、闽南、闽北、闽中、莆仙五种次方言。其中，闽南方言是闽方言中使用人口最多、通行范围最广的一种方言，主要分布在闽南二十四县，台湾、海南的大部分地区，以及广东的雷州半岛、浙江南部等地区，以厦门话为代表。

二、普通话

普通话是我国国家通用语言，也是现代汉民族共同语。它以北京语音为标准音，以北方话为基础方言，以典范的现代白话文著作为语法规范。“普通话”中的“普通”二字是“普遍通行”“共通”的意思，并不是“平常”“一般”的意思。

普通话是规范化的现代汉语，其规范体现在语音、词汇、语法各方面的标准上。

（一）普通话的语音标准

普通话以北京语音为标准音的原因有两个：第一，北京自元朝以来一直是全国政治、经济、文化的中心，其语音在全国各地的传播速度快、范围广，容易被大众接受；第二，北京语音本身的音素和音节都比其他方言简单，且发音清晰，具有韵律美。

普通话语音系统主要包括声母、韵母、声调、音节，以及变调、轻声、儿化、语调等。

知识链接

北京话不是普通话

在我们周围，有不少人认为普通话就是北京话，这个观点是错误的，北京话与普通话是有区别的。例如，在评价一个女孩的长相时，我们可能会说“较清秀（jiào qīng xiù）”，这话要是让北京人来说，也许他会说成“jiǎo qīng xiù”。这容易使听者犯糊涂——是说女孩儿的脚长得清秀、好看吗？又如，北京人喜欢把“邮局(yóu jú)”读作“yōu jú”，“附近(fù jìn)”读作“fǔ jìn”，“侵略（qīn lüè）”读作“qǐn lüè”等。

除了这些异读音之外，北京话中还有一些土音。例如，老北京人把连词“和（hé）”说成“hàn”，把“蝴蝶（hú dié）”说成“hú tiěr”，把“告诉（gào su）”说成“gào song”等。其实，北京话也是方言的一种，只不过它是具有特殊地位的一种方言罢了。

（二）普通话的词汇标准

普通话一般以北方话中比较通行的词汇作为词汇规范的基础。这是因为北方话分布在华北、东北、西南、西北等地区，分布区域最广，使用人口最多。普通话以大多数人惯用的北方话词汇为基础，更容易普及。

以北方话为基础方言并非意味着普通话词汇就是北方话词汇，普通话词汇中不包括北方话当中的土语。例如，“老爷们”“老姑娘”“堂客”等北方话词汇，很难让其他方言区的人理解，故不能作为普通话词汇推广。另外，普通话也吸收了其他方言中有很大影响、富有表现力的词汇，如“排档”“垃圾”等，以及一些从外语中吸收的词汇，如“沙发”“寿司”等。

（三）普通话的语法标准

“以典范的现代白话文著作为语法规范”，是指普通话以经过提炼和加工的、流传广泛的、在语法方面有较强代表性的书面语作为语法标准。“现代白话文”是指五四运动以来的白话文，“典范的著作”是指具有广泛代表性的著作，如国家的法律条文、报刊社论及现代著名作家的作品等。

在理解普通话的语法标准时，需要注意以下两点：

① 要以这些著作中的一般用法作为语法规范，而不是特殊用法。

② 要有“与时俱进”的观念。例如，由于受时代特征的影响，鲁迅、老舍、朱自清等大师的作品中保留了一些当时的语法结构，这些语法结构现在已不再是规范用法。

第二节　怎样学习普通话

一、学好语音的基础知识

语音是由人的发音器官发出的代表一定意义的声音，即人说话的声音。它与词汇、语法一起构成语言的三要素。要想学好一种语言，首先要学好语音的基础知识。

（一）音素

音素是构成音节的最小单位，分为元音音素和辅音音素两大类。

元音音素有 10 个：a、o、e、ê、i、u、ü、-i（前）、-i（后）、er。发音时，气流在口腔中不受阻碍，声带振动，声音响亮。

辅音音素有 22 个：b、p、d、t、g、k、z、c、zh、ch、j、q、f、s、sh、r、x、h、m、n、ng、l。发音时，气流在口腔中受到不同部位、不同方式的阻碍，声音一般不响亮。除了 m、n、l、r、ng 的发音必须振动声带外，其他 17 个的发音都不需要振动声带。

（二）音节

音节是语音结构的基本单位，也是听觉上能分辨出的最自然的语音单位。

1. 音节的构成

按照我国传统的语音分析法，一个音节由声母、韵母、声调三个部分构成。

声母是音节开头的部分。普通话中有 21 个辅音声母，分别为 b、p、m、f、d、t、n、l、g、k、h、j、q、x、zh、ch、sh、r、z、c、s。有些音节的开头部分没有声母，由韵母独立构成音节，称为零声母，如“二（èr）”“矮（ǎi）”。

韵母是音节中声母后面的部分，主要由元音构成。例如，“发达（fā dá）”中的“a”、“机器（jī qì）”中的“i”、“电线（diàn xiàn）”中的“ian”都是韵母。普通话中有 39 个韵母。

声调是音节的高低升降形式。普通话的声调包括阴平、阳平、上声、去声四种。一个音节可以没有辅音声母，但一定要有韵母和声调。

2. 音节的特点

① 音节一般由一个或多个音素构成。汉语音节最少由一个音素构成，如音节“啊（ā）”只有一个元音音素 a；音节最多由四个音素构成，如音节“想（xiǎng）”包含 x、i、a、ng 四个音素。

② 音节中，元音占主要地位。音节中可以没有辅音，但不能没有元音。一个音节最多可以有三个元音，构成韵母的韵头、韵腹和韵尾。例如，“帅（shuài）”这个音节的韵母由韵头 u、韵腹 a 和韵尾 i 三个部分组成。

③ 音节中必须有声调。汉语是有声调的语言，这是汉语在语音上的重要特点。一般说来，每个音节都有声调，轻声只是一种特殊的音变现象。

④ 在普通话里，通常一个汉字就是一个音节，但儿化音除外。儿化是一种特殊的音变现象，用两个汉字表示一个音节。例如，双音节词语“小猴儿（xiǎo hóur）”“一会儿（yí huìr）”中的“儿”只是卷舌标志，朗读时必须拼合在前一个音节上，没有词汇意义，不能将其视为独立的音节。

普通话中有 400 多个基本音节，学习普通话最直接的方法是读准这 400 多个音节。

二、掌握学习普通话的具体方法

（一）仔细听

“听”是学好普通话的前提。听广播，听电视里主持人的讲话，听教学录音带，听身边普通话说得好的老师、同学、朋友说话，听自己喜欢的影视作品中的旁白、对白等都是不错的学习方法。听的时候，一定要仔细听那些易读错、易混淆的音，如 ing 与 in、n 与 l 等。听完他人的发音后，一定要跟读，模仿他人的正确发音，做到字正腔圆。

（二）反复练

“练”是学好普通话的关键。如果不开口说，所学的普通话发音技巧会逐渐被遗忘。练习普通话的途径有很多，除了利用专门的普通话练习资料进行大声朗读训练外，日常生活、学习中处处都可以练习普通话。练习时，建议先学会那些使用频率较高且容易读错的字词，以提高学习普通话的效率。

（三）认真记

“记”是学好普通话的一个重要环节，它包括“记录”和“记忆”两层含义。有方言口音的人在学习普通话的过程中，要想排除方言带来的干扰，最有效的方法就是找出自己的方言与普通话之间的差异，并将它们记录下来，以便有针对性地练习。此外，在纠正语音的过程中，还应牢记普通话的正确读音，从而有效地纠正自己的错误。

第二章

声母——让吐字准确清晰

【引言】

在生活中，经常会出现因声母发音错误而让人不明其意的情况。例如，湖北人可能会将“河南（nán）”说成“荷兰（lán）”，一个音发错，导致国籍都变了。又如，东北人可能会将“小周（zhōu）”喊成“小邹（zōu）”，使得听者很苦恼，不知道他到底要找谁。

正确掌握普通话声母的发音，是学好普通话的第一步。只有掌握了普通话声母的发音，才能避免上述问题。

第一节 声母的分类及发音

声母是音节开头的部分，由辅音或元音（ɑ、o、e、i、u、ü）构成。由辅音构成的称为辅音声母，由元音构成的称为零声母。

一、辅音声母

辅音是气流呼出时，在口腔某个部位遇到程度不同的阻碍构成的。我们把起始阶段叫“成阻”，持续阶段叫“持阻”，阻碍解除阶段叫“除阻”。

普通话语音中的辅音声母共有 21 个，它们分别是：b、p、m、f、d、t、n、l、g、k、h、j、q、x、zh、ch、sh、r、z、c、s。

（一）辅音声母的分类

1. 按发音部位分类

辅音声母按发音部位分类分为唇音、舌尖音、舌面音三大类，共有 7 种。其中，唇音以下唇为主动器官，舌尖音以舌尖为主动器官，舌面音以舌面为主动器官。

（1）唇音

双唇音：上唇和下唇接触构成阻碍，气流冲破双唇阻碍或气流在双唇遇阻而从鼻腔通过形成的音。双唇音有 3 个，分别是 b、p、m。

唇齿音：下唇向上齿靠拢构成阻碍而发出的音。唇齿音只有 1 个——f。

（2）舌尖音

舌尖前音（也称平舌音）：舌尖平伸轻抵住上齿背，让气流从舌尖挤出而发出的音。舌尖前音有 3 个，分别是 z、c、s。

舌尖中音：舌尖抵住上齿龈构成阻碍，气流将其冲开而发出的音。舌尖中音有 4 个，分别是 d、t、n、l。

舌尖后音（也称翘舌音）：舌尖上翘，抵住硬腭前部，让气流挤出而发出的音。舌尖后音有 4 个，分别是 zh、ch、sh、r。

（3）舌面音

舌面前音：舌面前部上升，接触或接近齿龈、硬腭前部，让气流从舌面挤出而发出的音。舌面音有 3 个，分别是 j、q、x。

舌面后音（也称舌根音）：舌面后部隆起，接触或接近软腭，构成阻碍而发出的音。舌面后音有 3 个，分别是 g、k、h。

2. 按发音方法分类

按发音方法不同，可从发音时口腔某个部位遇到阻碍的方式和声带是否振动这两个维度，对辅音声母进行分类。

（1）阻碍方式

按发音时构成和解除阻碍的方式分类，辅音声母可分为以下5种（具体见表2-1）：

① 塞音：发音部位完全形成闭塞，软腭上升，关闭鼻腔通路；从肺部出来的气流冲破阻碍，爆发成声。普通话中有6个塞音，分别是b、p、d、t、g、k。

② 擦音：发音部位靠近，留出适度的窄缝，软腭上升，关闭鼻腔通路；气流从窄缝中挤出，摩擦成声。普通话中有6个擦音声母，分别是f、h、x、sh、r、s。

③ 塞擦音：发音部位完全形成闭塞，软腭上升，关闭鼻腔通路；气流先把闭塞部分冲开一条窄缝，再从窄缝中挤出去，摩擦成声。普通话中有6个塞擦音声母，分别是j、q、zh、ch、z、c。

④ 鼻音：发音时，口腔中构成阻碍的两个部分完全闭塞，软腭下垂，打开鼻腔通路；声带振动，气流从鼻腔中通过成声。普通话中有2个鼻音声母，分别是m、n。

⑤ 边音：发音时，舌尖与上齿龈接触，使口腔中间的通道阻塞；声带振动，气流从舌头两边的空隙通过成声。普通话中只有1个边音声母——l。

提　示

按突破阻碍的气流强弱分类，塞音和塞擦音声母又可分为以下两种（见表2-1）：

① 送气音：发音时，口腔呼出的气流明显。普通话中有6个送气音声母，分别是p、t、k、q、ch、c。

② 不送气音：发音时，口腔呼出的气流相对较弱。普通话中有6个不送气音声母，分别是b、d、g、j、zh、z。

（2）声带是否振动

按声带是否振动分类，辅音声母可分为以下两种（见表2-1）：

① 清音：发音时声门（声带开合处）敞开，气流通过时声带不振动。普通话中有17个清音声母，分别是b、p、f、d、t、g、k、h、j、q、x、zh、ch、sh、z、c、s。

② 浊音：发音时声门闭合，声带随着气流的挤出而振动。普通话中有4个浊音声母，分别是m、n、l、r。

表2-1　辅音声母总表

发音部位	塞音		塞擦音		擦音		鼻音	边音
	清音		清音		清音	浊音	浊音	浊音
	不送气音	送气音	不送气音	送气音				
双唇音	b	p					m	
唇齿音					f			
舌尖前音			z	c	s			

续表

发音部位	塞音		塞擦音		擦音		鼻音	边音
	清音		清音		清音	浊音	浊音	浊音
	不送气音	送气音	不送气音	送气音				
舌尖中音	d	t					n	l
舌尖后音			zh	ch	sh	r		
舌面前音			j	q	x			
舌面后音	g	k			h			

（二）辅音声母的发音

学习了声母分类的相关知识后，学生应该对声母的发音规则有了大致的了解。然而，要想学好普通话的发音，还必须掌握每个声母的发音要领，做到“咬得准、发得清”。

b、p、m 的发音

1. b：双唇不送气清塞音

发音要领：双唇闭合，同时软腭上升，关闭鼻腔通路；气流到达双唇后蓄气；凭借积蓄在口腔中的气流突然打开双唇成声。

例词：颁布 bān bù　　板报 bǎn bào　　褒贬 bāo biǎn
　　　步兵 bù bīng　　标本 biāo běn　　辨别 biàn bié

2. p：双唇送气清塞音

发音要领：成阻和持阻阶段与 b 相同，不同的是除阻时，声门开启，从肺部呼出一股较强的气流成声。

例词：批评 pī píng　　偏旁 piān páng　　乒乓 pīng pāng
　　　匹配 pǐ pèi　　瓢泼 piáo pō　　偏僻 piān pì

3. m：双唇浊鼻音

发音要领：双唇闭合，软腭下垂，打开鼻腔通路；声带振动，气流同时到达口腔和鼻腔，在口腔的双唇处受到阻碍，气流从鼻腔通过成声。

例词：麦苗 mài miáo　　眉目 méi mù　　门面 mén miàn
　　　磨灭 mó miè　　命名 mìng míng　　迷茫 mí máng

4. f：唇齿清擦音

发音要领：下唇向上门齿靠拢，形成间隙；软腭上升，关闭鼻腔通路；气流从齿唇形成的间隙摩擦通过而成声。

f 的发音

例词：发奋 fā fèn　　反复 fǎn fù　　方法 fāng fǎ
　　　仿佛 fǎng fú　　肺腑 fèi fǔ　　丰富 fēng fù

5. d：舌尖中不送气清塞音

发音要领：舌尖抵住上齿龈，形成阻塞；软腭上升，关闭鼻腔通路；气流到达口腔后蓄气，突然解除阻塞成声。

例词：达到 dá dào　　带动 dài dòng　　单调 dān diào
　　　当初 dāng chū　　道德 dào dé　　等待 děng dài

d、t、n、l 的发音

6. t：舌尖中送气清塞音

发音要领：成阻和持阻阶段与 d 相同，不同的是除阻时，声门开启，从肺部呼出一股较强的气流成声。

例词：谈吐 tán tǔ　　探讨 tàn tǎo　　淘汰 táo tài
　　　体贴 tǐ tiē　　团体 tuán tǐ　　妥帖 tuǒ tiē

7. n：舌尖中浊鼻音

发音要领：舌尖抵住上齿龈，形成阻塞；软腭下垂，打开鼻腔通路；声带振动，气流同时到达口腔和鼻腔，在口腔受到阻碍，气流从鼻腔通过成声。

例词：奶牛 nǎi niú　　男女 nán nǚ　　恼怒 nǎo nù
　　　能耐 néng nai　　泥泞 ní nìng　　农奴 nóng nú

8. l：舌尖中浊边音

发音要领：舌尖抵住上齿龈后部，阻塞气流从口腔中路通过；软腭上升，关闭鼻腔通路，声带振动；气流到达口腔后从舌头两侧通过而成声。

例词：拉力 lā lì　　利落 lì luo　　流利 liú lì
　　　履历 lǚ lì　　罗列 luó liè　　轮流 lún liú

9. g：舌面后不送气清塞音

发音要领：舌面后部隆起，抵住硬腭和软腭交界处，形成阻塞；软腭上升，关闭鼻腔通路；气流在形成阻塞的部位后积蓄，突然解除阻塞而成声。

例词：杠杆 gàng gǎn　　高贵 gāo guì　　更改 gēng gǎi
　　　观光 guān guāng　　灌溉 guàn gài　　光顾 guāng gù

g、k、h 的发音

10. k：舌面后送气清塞音

发音要领：成阻和持阻阶段与 g 相同，不同的是除阻时，声门开启，从肺部呼出一股较强的气流成声。

例词：开垦 kāi kěn　　苛刻 kē kè　　刻苦 kè kǔ
　　　空旷 kōng kuàng　　宽阔 kuān kuò　　困苦 kùn kǔ

11. h：舌面后清擦音

发音要领：舌面后部隆起，接近硬腭和软腭的交界处，形成间隙；软腭上升，关闭鼻腔通路，使气流从形成的间隙摩擦通过而成声。

例词：航海 háng hǎi　　呼唤 hū huàn　　花卉 huā huì
　　　谎话 huǎng huà　　挥霍 huī huò　　悔恨 huǐ hèn

12. j：舌面前不送气清塞擦音

发音要领：舌尖抵住下门齿背，使舌面前部贴紧硬腭；软腭上升，关闭鼻腔通路；在阻塞部位后面积蓄气流；解除阻塞时，在形成阻塞的部位之间保持适度的间隙，使气流从间隙通过而成声。

j、q、x 的发音

例词：积极 jī jí　　家具 jiā jù　　坚决 jiān jué
　　　讲解 jiǎng jiě　　捷径 jié jìng　　军舰 jūn jiàn

13. q：舌面前送气清塞擦音

发音要领：成阻阶段与 j 相同，不同的是当舌面前部与硬腭前部分离形成适度间隙时，声门开启，从肺部呼出一股较强的气流成声。

例词：齐全 qí quán　　恰巧 qià qiǎo　　亲切 qīn qiè
　　　情趣 qíng qù　　请求 qǐng qiú　　缺勤 quē qín

14. x：舌面前清擦音

发音要领：舌尖抵住下齿背，使舌面前部接近硬腭前部，形成适度的间隙；舌尖下垂，上下齿对紧，气流从空隙通过而成声。

例词：喜讯 xǐ xùn　　现象 xiàn xiàng　　学习 xué xí
　　　心胸 xīn xiōng　　行星 xíng xīng　　选修 xuǎn xiū

15. zh：舌尖后不送气清塞擦音

发音要领：舌头前部上抬，抵住硬腭前端；同时软腭上升，关闭鼻腔通路，在形成阻塞的部位后积蓄气流；解除阻塞时，在形成阻塞的部位之间保持适度的间隙，使气流从间隙通过而成声。

例词：战争 zhàn zhēng　　真正 zhēn zhèng　　政治 zhèng zhì
　　　支柱 zhī zhù　　制止 zhì zhǐ　　周转 zhōu zhuǎn

zh、ch、sh、r 的发音

16. ch：舌尖后送气清塞擦音

发音要领：成阻阶段与 zh 相同，不同的是除阻时，声门开启，从肺部呼出一股较强的气流成声。

例词：超产 chāo chǎn　　抽查 chōu chá　　橱窗 chú chuāng
　　　戳穿 chuō chuān　　驰骋 chí chěng　　充斥 chōng chì

17. sh：舌尖后清擦音

发音要领：舌头前部上抬，接近硬腭前端，形成适度的间隙；同时软腭上升，关闭鼻腔通路；使气流从间隙摩擦通过而成声。

例词：赏识 shǎng shí　　少数 shǎo shù　　设施 shè shī
　　　神圣 shén shèng　　事实 shì shí　　舒适 shū shì

18. r：舌尖后浊擦音

发音要领：发音部位与 sh 相同，不同的是声带振动，摩擦轻微。

例词：忍让 rěn ràng　　仍然 réng rán　　荣辱 róng rǔ
　　　如若 rú ruò　　软弱 ruǎn ruò　　闰日 rùn rì

z、c、s 的发音

19. z：舌尖前不送气清塞擦音

发音要领：舌尖抵住上门齿背形成阻塞，在形成阻塞的部位后积蓄气流；同时软腭上升，关闭鼻腔通路；解除阻塞时，形成阻塞的部位之间保持适度的间隙，使气流从间隙通过而成声。

例词：在座 zài zuò　　造作 zào zuo　　自尊 zì zūn
　　　总则 zǒng zé　　祖宗 zǔ zong　　罪责 zuì zé

20. c：舌尖前送气清塞擦音

发音要领：成阻阶段与 z 相同，不同的是在解除阻塞时，声门开启，从肺部呼出一股较强的气流成声。

例词：猜测 cāi cè　　残存 cán cún　　仓促 cāng cù
　　　从此 cóng cǐ　　催促 cuī cù　　措辞 cuò cí

21. s：舌尖前清擦音

发音要领：舌尖接近上门齿背，形成间隙；同时软腭上升，关闭鼻腔通路；气流从间隙摩擦通过成声。

例词：洒扫 sǎ sǎo　　松散 sōng sǎn　　诉讼 sù sòng
　　　琐碎 suǒ suì　　思索 sī suǒ　　速算 sù suàn

二、零声母

除了 21 个辅音声母，普通话语音中还有零声母。零声母即没有声母，以元音（a、o、e、i、u、ü）开头的音节。《汉语拼音方案》中规定，以 i、ü 和 u 开头的音节，在书写时要用 y 和 w 作为音节的开头（其中，以 ü 开头的音节要去掉两点再加 y）。

零声母

具体来说，零声母音节包括以下音节：

- ✓ 以 a 开头：a　ai　an　ang　ao
- ✓ 以 o 开头：o　ou
- ✓ 以 e 开头：e　en　er　eng
- ✓ 以 i 开头：ya　yan　yang　yao　ye　yi　yin　ying　yo　yong　you
- ✓ 以 u 开头：wa　wai　wan　wang　wei　wen　weng　wo　wu
- ✓ 以 ü 开头：yu　yuan　yue　yun

例词：恩爱 ēn'ài　　偶尔 ǒu'ěr　　额外 é'wài
　　　洋溢 yáng yì　　谣言 yáo yán　　医药 yī yào
　　　万物 wàn wù　　忘我 wàng wǒ　　威望 wēi wàng

第二节 声母分辨

一、分辨 n、l 及 r

（一）分辨 n 和 l

普通话语音中的 n 和 l 是相对立的音位（一种语言中能够区别意义的最简单的语音单位），其发音有明显的区别。但在很多方言中，人们无法正确区分 n 和 l，例如，他们常把“男子（nán zǐ）”说成“篮子（lán zǐ）”，“脑子（nǎo zi）”说成“老子（lǎo zi）”。这主要是两个原因造成的：一是不能从发音上辨音；二是不知道哪些字的声母是 n，哪些字的声母是 l。

分辨 n 和 l

针对这两个问题，可采用以下两种方法解决。

1. 读准 n 和 l

n 和 l 发音的不同体现在以下几个方面：一是发音部位有细微差异，发 l 时舌位稍靠后，发 n 时舌位略靠前；二是舌尖与上齿龈的接触面大小不同，发 l 时的接触面要小于 n；三是舌尖的运动方式不同，发 l 时舌尖有一个从后向前弹出的动作，发 n 时舌尖有一个向前挤压的动作；四是听感不同，l 的发音清晰、干净，发 n 时由于伴有鼻腔共鸣，所以给人的听感相对混浊。

要读准 n 和 l，关键在于控制鼻音。发 n 时，舌尖及舌边均上抬，顶住上齿龈，软腭下降，气流从鼻腔流出，形成鼻音；发 l 时，舌尖前端上抬顶住齿龈（不顶满），舌尖两边与硬腭的两侧保持适当的间隙，软腭上升堵住鼻腔通路，气流从舌尖两边流出，形成边音。

为了发准 n 和 l 的音，可采用以下方法练习：

① n：在声母 n 的前面加一个用 n 作韵尾的音节，两字连读，可借助上一音节所形成的 n 韵尾，来发准后一个音节的声母 n。

例词：看哪 kàn na　　　　新年 xīn nián

② l：在声母 l 的前面加一个 ge 或 ke 的音节，借 g、k 发音时的舌根抬高来限制软腭下降，使自己不便于发鼻音而发边音。

例词：各类 gè lèi　　　　颗粒 kē lì

趣味小案例

有一位来自南方的游客在公园打听“缆车”在哪个位置，碰到的热心人都为他指引了一番，可是每次找到的位置都不对，他只好憋红着脸一问再问。原来，他想找的是“男厕”。

2. 记住易混淆字的读音

读准 n 和 l 只是第一步，接着还要弄清在普通话里哪些字的声母是 n，哪些字的声母是 l。下面 3 种方法可以帮助学生辨别和记忆。

（1）形声字声旁类推法

形声字在汉字里占有很大比例，其声旁一般能代表字音，因而可以用声旁类推出很多字的读音。例如，“尼”字的声母是“n”，那么，以“尼”为声旁的字如“泥、呢、妮”等的声母都是“n”；“里”字的声母是“l”，那么，以“里”为声旁的字如“理、厘、狸”等的声母都是“l”。通过该方法，学生只需要记住一些代表字，就能类推出其他与之声旁相似字的读音，具体内容如表 2-2 所示。

表 2-2　n、l 声旁代表字类推表

声母	代表字	类推字	代表字	类推字
n	nà 那	nǎ 哪；nuó 挪，娜	niē 捏	niè 涅
	nǎi 乃	nǎi 奶	niè 聂	niè 镊，蹑
	nài 奈	nà 捺	níng 宁	níng 拧，咛，狞，柠；nìng 泞
	nán 南	nán 喃，楠；nǎn 蝻	niǔ 纽	niū 妞；niǔ 扭，钮
	nǎo 脑	nǎo 瑙，恼	nóng 农	nóng 浓，脓
	nèi 内	nè 讷；nà 呐，衲，钠	nú 奴	nú 孥，驽；nǔ 努；nù 怒
	ní 尼	ní 泥，呢	nuò 诺	nì 匿
	ní 倪	ní 霓	nuò 懦	nuò 糯
	niàn 念	niǎn 捻	nüè 虐	nüè 疟
l	là 剌	lǎ 喇；là 辣，瘌	liáng 凉	liàng 谅，晾；lüè 掠
	là 腊	là 蜡；liè 猎	liǎng 两	liǎng 俩（伎～）；liàng 辆；liǎ 俩
	lài 赖	lài 癞，籁；lǎn 懒	liè 列	liě 咧；liè 裂，烈；lì 例
	lán 兰	lán 拦，栏；làn 烂	lín 林	lín 淋，琳，霖；lán 婪
	lán 蓝	lán 篮；làn 滥	lín 鳞	lín 嶙，璘，磷，麟
	lǎn 览	lǎn 揽，缆，榄	lìng 令	líng 伶，玲，铃，羚，聆，龄；lǐng 岭，领；lěng 冷；lín 邻；lián 怜
	láo 劳	lāo 捞；láo 痨；lào 涝	líng 菱	líng 陵，凌；léng 棱
	lè 乐	lì 砾	liú 留	liū 溜；liú 馏，榴，瘤
	léi 雷	léi 擂，镭；lěi 蕾	liú 流	liú 琉，硫
	lèi 累	luó 骡，螺	liǔ 柳	liáo 聊
	lǐ 里	lí 厘，狸；lǐ 理，鲤；liàng 量	lóng 龙	lóng 咙，聋，笼；lǒng 陇，垄，拢

续表

声母	代表字	类推字	代表字	类推字
	lì 利	lí 梨，犁；lì 俐，痢	lóng 隆	lóng 窿，癃
	lí 离	lí 篱，璃	lóu 娄	lóu 喽，楼；lǒu 搂，篓；lǚ 缕，屡
	lì 立	lì 粒，笠；lā 拉，垃，啦	lǔ 鲁	lǔ 橹
	lì 厉	lì 励	lù 录	lù 禄，碌；lǜ 绿，氯
	lì 力	lì 荔；liè 劣；lèi 肋；lè 勒	lù 鹿	lù 辘
	lì 历	lì 沥	lù 路	lù 鹭，露
l	lián 连	lián 莲，鲢；liàn 链	lù 戮	liáo 寥；liǎo 蓼；liào 廖
	lián 廉	lián 濂，镰	lún 仑	lūn 抡；lún 伦，沦，囵，轮；lùn 论
	liǎn 脸	liǎn 敛；liàn 殓	luó 罗	luō 啰；luó 逻，萝，锣，箩
	liàn 练	liàn 炼	luò 洛	luò 落，络，骆；lào 烙，酪；lüè 略
	liàn 恋	luán 孪，鸾，滦	lǚ 吕	lǚ 侣，铝
	liáng 良	liáng 粮；láng 郎，廊，狼	lǜ 虑	lǜ 滤

（2）声韵拼合规律类推法

普通话中，n 基本上不与 in 相拼，只有一个“您（nín）”字例外。因此，韵母是 in 的其他字，其声母都是 l。

韵母 ou、un 只和 l 相拼，不能和 n 相拼，只有一个“耨（nòu）”字例外。由此可以判断“楼、漏、陋、论”等字的声母都是 l。

（3）记少不记多法

在字表中，以 n 为声母的字比以 l 为声母的字少。因此，记住以 n 为声母的字后，就可以大胆地类推以 l 为声母的字。

（二）分辨 r 和 l

有的方言中没有声母 r，如吴方言、闽方言。这些方言区的人常把声母中的 r 读作 l，如把“天然（tiān rán）”读作“天蓝（tiān lán）”，“绒的（róng de）”读作“聋的（lóng de）”，“入口（rù kǒu）”读作“路口（lù kǒu）”等。这些方言区的人学习普通话时，要注意掌握“r”的发音特点。

分辨 r 和 l

二、分辨 zh、ch、sh 和 z、c、s

（一）掌握平舌和翘舌的发音方法

平舌和翘舌两组声母的区别在于发音时舌头的运动方式不同：发平舌音时，舌尖平伸；发翘舌音时，舌尖向上、向后翘。吴、闽、客家等方言中都只有平舌音而无翘舌音，因此，这些方言区的人在练习普通话时，尤其要注意翘舌音的发音方法。要发好翘舌音，必须找准发音部位，即舌尖上翘，抵住或接近硬腭前部。

有一些人虽然学会了发翘舌音，但是发音不准，主要表现在以下两个方面：① 发音部位偏前，即舌尖着力点不在前硬腭上，而在上齿龈的位置；② 发音部位靠后，即舌尖过于后卷或舌尖接触前硬腭的面积过大，听起来语音含糊不清，缺乏清晰感。

分辨 zh、ch、sh 和 z、c、s

（二）记住易混淆字的读音

掌握平舌和翘舌两组声母的发音方法只是第一步，接着还要弄清在普通话里哪些字的声母是平舌音，哪些字的声母是翘舌音。下面两种方法可以帮助学生辨别和记忆。

1. 记少不记多法

常用的汉字中，声母为 z、c、s 的字大大少于声母为 zh、ch、sh 的字。例如，音节为“sen”的字只一个，而音节为“shen”的字有 40 多个，其中常用字有 20 多个。因此只需要记住“森”是平舌音，便可推知“申、沈、渗……”皆为翘舌音。

2. 声旁类推法

记住声母为平舌音的常用字，再借助形声字类推，也是区分平、翘舌音字的一个简便途径。例如，“曾（zēng）”是平舌音，由此推知以“曾”为声旁的“增、憎、赠”等都是平舌音；“周（zhōu）”是翘舌音，同理可以推知以“周”为声旁的“惆、稠、绸”等也都是翘舌音。

三、分辨 f 和 h

我国许多方言区的人都存在将 f 和 h 混读的现象。例如，闽方言区的人常常把声母为 f 的字读成声母为 h 的字，如把“开发（kāi fā）”读成“开花（kāi huā）”，“理发（lǐ fà）”读成“理化（lǐ huà）”；而客家方言区的人常常把声母为 h 的字读成声母为 f 的字，如把“花卉（huā huì）”读成“花费（huā fèi）”，“救护（jiù hù）”读成“舅父（jiù fù）”。

分辨 f 和 h

要学会 f 和 h 的正确发音，首先要了解两者在发音上的异同。f 和 h 都是清擦音，不同的是，f 是唇齿音，发音时必须让上齿与下唇接近；h 是舌面后音，发音时唇齿不接触，而是舌根与软腭接近。采用这种方法校正发音，同时记住一些代表字（代表字和类推字见表 2-3），就可以分辨 f 和 h 了。

表 2-3　f、h 声旁代表字类推表

声母	代表字	类推字	代表字	类推字
f	fū 夫	fū 肤，麸；fú 芙，扶	fán 凡	fān 帆；fán 矾
	fù 父	fǔ 斧，釜	fǎn 反	fǎn 返；fàn 饭，贩
	fù 付	fú 符；fǔ 府，俯，腑，腐；fù 附，咐	fān 番	fān 翻
	fú 弗	fú 拂，佛（仿～）；fó 佛；fèi 沸，费	fāng 方	fāng 芳；fáng 防，妨，房，肪；fǎng 仿，访，纺；fàng 放

续表

声母	代表字	类推字	代表字	类推字
f	fú 伏	fú 茯，袱	fá 乏	fàn 泛
	fǔ 甫	fū 敷；fǔ 辅；fù 傅，缚	fā 发	fèi 废
	fú 孚	fū 孵；fú 俘，浮	fá 伐	fá 阀，筏
	fù 复	fù 腹，馥，覆	fēng 风	fēng 枫，疯；fěng 讽
	fú 福	fú 幅，辐，蝠；fù 副，富	fēi 非	fēi 菲，啡，扉；fěi 诽，匪；fèi 痱
	fēn 分	fēn 芬，吩，纷；fěn 粉；fèn 份，忿	fēng 蜂	fēng 烽，锋，峰
h	hé 禾	hé 和	huī 挥	huī 辉；hún 浑
	huò 或	huò 惑	huǐ 悔	huì 诲，晦
	hù 户	hù 沪，护	huì 惠	huì 蕙
	hǔ 虎	hǔ 唬	hóng 红	hóng 虹，鸿
	hū 忽	hū 惚	hóng 洪	hōng 哄（～动），烘；hǒng 哄（～骗）；hòng 哄（起～）
	hú 胡	hú 湖，葫，糊，蝴	huái 怀	huài 坏；huán 还，环
	hú 狐	hú 弧	huàn 换	huàn 涣，唤，焕，痪
	huà 化	huā 花，哗（～啦啦）；huá 华（中～），哗（喧～）；huà 化，华（姓）；huò 货	hūn 昏	hūn 阍，婚
	huó 活	huà 话	hún 混	hún 馄；hùn 混（～合）
	huǒ 火	huǒ 伙	huāng 荒	huāng 慌；huǎng 谎
	huī 灰	huī 恢	huáng 皇	huáng 凰，惶，徨，蝗
	huí 回	huí 茴，蛔；huái 徊	huǎng 晃	huǎng 恍，幌；huàng 晃（～动）
	huì 会	huì 绘，烩	huáng 黄	huáng 璜，簧

趣味小案例

几位同学一起去 KTV 唱歌，小兰点了一首《分分秒秒》，打算在大家面前一展歌喉。她拿着麦克风对大家说：“接下来，我为大家献上一首《昏昏秒秒》，让我们珍惜相处的昏昏秒秒。”同学们一听全乐了。

四、分辨 j、q、x 与 z、c、s

分辨 j、q、x 和 z、c、s

在粤方言、闽方言、湘方言和吴方言区，常出现将声母 z、c、s（或 zh、ch、sh）与 j、q、x 混用的情况。例如，闽方言区的人常把“自己（zì jǐ）”读成“jì jǐ”，“知道（zhī dào）”读成“机道（jī dào）”，“少数（shǎo shù）”读成“小数（xiǎo shù）”等。

产生这种错误的原因是：z、c、s（或 zh、ch、sh）本是由舌尖抵住上门齿背或硬腭前端形成阻塞而发声，而有些人在发声时，用舌面前部贴近硬腭前部，导致发出的舌尖音带有舌面前音的色彩。

五、分辨不送气音和送气音

普通话里，声母 b—p，d—t，g—k，zh—ch，z—c，j—q 这几组音中，前者 b、d、g、zh、z、j 是不送气音，对应的 p、t、k、ch、c、q 是送气音。有些方言区的人不会发送气音，例如，将“跑（pǎo）了”说成“饱（bǎo）了”，将“佩（pèi）服”说成“被（bèi）服”。

分辨不送气音和送气音

其实，送气和不送气是相对而言的，没有不用气就可以发出的音素。发音时呼出的气流微弱的是不送气音，发音时用力喷出一口气的是送气音。在学习这些声母时，一定要注意区分两者的发音异同，并通过对比训练，掌握正确的发音。

六、读准零声母的字

普通话中，部分零声母的字（如鹅、爱、欧、袄、安等）在有些方言中被读成了有声母的字，大致情况如下：

① 在读以 a、o、e 开头的零声母音节时，常在前面加舌根鼻音或声母 n。例如，青岛人将“安（ān）”读成“ngan”，“欧（ōu）”读成“ngou”，“恩（en）”读成“ngen”；天津人将“爱（ài）”读成“nài”。纠正时，只要去掉前面的辅音，直接发元音即可。

读准零声母

② 普通话中合口呼（即发音时双唇呈圆形）的零声母字，如“万、闻、物、尾、问”等，在某些方言区被读成了声母为 v 的字。这些方言区的人在发音时，只要注意把双唇拢圆，不要让下唇和上齿接触，就可以改正。

第三节　声母发音训练

一、按发音部位训练

（一）双唇音训练

b：

奔波 bēn bō　　摆布 bǎi bù　　宝贝 bǎo bèi

卑鄙 bēi bǐ　　白布 bái bù　　辨别 biàn bié

按发音部位训练 1

p:

偏旁 piān páng　　偏僻 piān pì　　批评 pī píng
拼盘 pīn pán　　澎湃 péng pài　　乒乓 pīng pāng

m:

面貌 miàn mào　　埋没 mái mò　　麦苗 mài miáo
牧民 mù mín　　麻木 má mù　　明媚 míng mèi

（二）唇齿音训练

f:

方法 fāng fǎ　　肺腑 fèi fǔ　　丰富 fēng fù
奋发 fèn fā　　芬芳 fēn fāng　　反复 fǎn fù

（三）舌尖前音训练

z:

祖宗 zǔ zong　　总则 zǒng zé　　藏族 zàng zú
自尊 zì zūn　　造作 zào zuo　　罪责 zuì zé

c:

层次 céng cì　　苍翠 cāng cuì　　催促 cuī cù
粗糙 cū cāo　　参差 cēn cī　　猜测 cāi cè

s:

色素 sè sù　　琐碎 suǒ suì　　思索 sī suǒ
松散 sōng sǎn　　四岁 sì suì　　速算 sù suàn

（四）舌尖中音练习

d:

电灯 diàn dēng　　当代 dāng dài　　大地 dà dì
单调 dān diào　　道德 dào dé　　等待 děng dài

t:

团体 tuán tǐ　　天堂 tiān táng　　探讨 tàn tǎo
淘汰 táo tài　　忐忑 tǎn tè　　滩涂 tān tú

n:

牛奶 niú nǎi	南宁 nán níng	男女 nán nǚ
农奴 nóng nú	泥泞 ní nìng	能耐 néng nai

l:

理论 lǐ lùn	流利 liú lì	嘹亮 liáo liàng
轮流 lún liú	连累 lián lei	来历 lái lì

（五）舌尖后音训练

zh:

正直 zhèng zhí	茁壮 zhuó zhuàng	政治 zhèng zhì
招展 zhāo zhǎn	主张 zhǔ zhāng	住宅 zhù zhái

按发音部位训练 2

ch:

车床 chē chuáng	长城 cháng chéng	驰骋 chí chěng
出产 chū chǎn	出差 chū chāi	充斥 chōng chì

sh:

身世 shēn shì	山水 shān shuǐ	生疏 shēng shū
上升 shàng shēng	事实 shì shí	施舍 shī shě

r:

柔软 róu ruǎn	仍然 réng rán	忍让 rěn ràng
荏苒 rěn rǎn	容忍 róng rěn	如若 rú ruò

（六）舌面前音练习

j:

加紧 jiā jǐn	基金 jī jīn	积极 jī jí
艰巨 jiān jù	降价 jiàng jià	交际 jiāo jì

q:

亲切 qīn qiè	乞求 qǐ qiú	前期 qián qī
取巧 qǔ qiǎo	秋千 qiū qiān	强权 qiáng quán

x:

信息 xìn xī	下乡 xià xiāng	新鲜 xīn xiān
虚心 xū xīn	详细 xiáng xì	现行 xiàn xíng

（七）舌面后音练习

g:

更改 gēng gǎi　　公关 gōng guān　　规格 guī gé

挂钩 guà gōu　　古怪 gǔ guài　　高贵 gāo guì

k:

开口 kāi kǒu　　困苦 kùn kǔ　　坎坷 kǎn kě

可靠 kě kào　　宽阔 kuān kuò　　苛刻 kē kè

h:

豪华 háo huá　　后悔 hòu huǐ　　浑厚 hún hòu

祸害 huò hài　　挥霍 huī huò　　合伙 hé huǒ

二、对比发音训练

对比发音训练 1

（一）n、l 对比训练

无奈（nài）—无赖（lài）　　水牛（niú）—水流（liú）

男（nán）裤—蓝（lán）裤　　女（nǚ）客—旅（lǚ）客

脑（nǎo）子—老（lǎo）子　　年（nián）夜—连（lián）夜

浓（nóng）重—隆（lóng）重　　南（nán）部—蓝（lán）布

（二）l、r 对比训练

碧蓝（lán）—必然（rán）　　衰落（luò）—衰弱（ruò）

阻拦（lán）—阻燃（rán）　　娱乐（lè）—余热（rè）

卤（lǔ）制—乳（rǔ）汁　　囚牢（láo）—求饶（ráo）

近路（lù）—进入（rù）　　露（lòu）馅—肉（ròu）馅

（三）z、c、s 和 zh、ch、sh 对比训练

自（zì）愿—志（zhì）愿　　鱼刺（cì）—鱼翅（chì）

私（sī）人—诗（shī）人　　粗（cū）布—初（chū）步

仿造（zào）—仿照（zhào）　　姿（zī）势—知（zhī）识

早（zǎo）到—找（zhǎo）到　　近似（sì）—近视（shì）

资（zī）助—支（zhī）柱　　搜（sōu）集—收（shōu）集

新村（cūn）—新春（chūn）　　增（zēng）订—征（zhēng）订

资（zī）源一支（zhī）援

从（cóng）来一重（chóng）来

木材（cái）一木柴（chái）

对比发音训练 2

（四）f、h 对比训练

舅父（fù）一救护（hù）

费（fèi）率一汇（huì）率

防（fáng）虫一蝗（huáng）虫

复（fù）员一护（hù）援

公费（fèi）一工会（huì）

斧（fǔ）头一虎（hǔ）头

奋（fèn）战一混（hùn）战

方（fāng）地一荒（huāng）地

（五）zh、ch、sh 和 j、q、x 对比训练

墨汁（zhī）一墨迹（jì）

确实（shí）一缺席（xí）

阐（chǎn）明一浅（qiǎn）明

翔实（shí）一详细（xì）

交织（zhī）一交际（jì）

获释（shì）一获悉（xī）

专长（cháng）一砖墙（qiáng）

（六）不送气音和送气音对比训练

败（bài）兵一派（pài）兵

部（bù）位一铺（pù）位

淡（dàn）化一碳（tàn）化

米缸（gāng）一米糠（kāng）

工（gōng）地一空（kòng）地

净（jìng）利一庆（qìng）历

直（zhí）到一迟（chí）到

侄（zhí）子一池（chí）子

在（zài）场一菜（cài）场

鼻（bí）子一皮（pí）子

毒（dú）药一涂（tú）药

肚（dù）子一兔（tù）子

怪（guài）事一快（kuài）事

匠（jiàng）人一呛（qiàng）人

坚（jiān）强一牵（qiān）强

站（zhàn）着一颤（chàn）着

座（zuò）位一错（cuò）位

自（zì）序一次（cì）序

（七）零声母辨音训练

爱（ài）心一耐（nài）心

傲（ào）气一闹（nào）气

疑（yí）团一泥（ní）团

每晚（wǎn）一美满（mǎn）

海岸（àn）一海难（nàn）

余味（wèi）一愚昧（mèi）

文（wén）风一门（mén）风

万（wàn）丈一幔（màn）帐

三、绕口令训练

下面练习中“一”字发生变读的，标的是变读后的音调。

b—p：

八百标兵奔北坡，（Bā bǎi biāo bīng bèn běi pō，）
炮兵并排北边跑，（Pào bīng bìng pái běi biān pǎo，）
炮兵怕把标兵碰，（Pào bīng pà bǎ biāo bīng pèng，）
标兵怕碰炮兵炮。（Biāo bīng pà pèng pào bīng pào。）

p—t：

吃葡萄不吐葡萄皮儿，（Chī pú tao bù tǔ pú tao píer，）
不吃葡萄倒吐葡萄皮儿。（Bù chī pú tao dào tǔ pú tao píer。）

绕口令训练

d：

你会炖我的炖冻豆腐，（Nǐ huì dùn wǒ de dùn dòng dòu fu，）
来炖我的炖冻豆腐，（Lái dùn wǒ de dùn dòng dòu fu，）
你不会炖我的炖冻豆腐，（Nǐ bú huì dùn wǒ de dùn dòng dòu fu，）
就别炖我的炖冻豆腐。（Jiù bié dùn wǒ de dùn dòng dòu fu。）
要是混充会炖我的炖冻豆腐，（Yào shì hùn chōng huì dùn wǒ de dùn dòng dòu fu，）
炖坏了我的炖冻豆腐，（Dùn huài le wǒ de dùn dòng dòu fu，）
那就吃不成我的炖冻豆腐。（Nà jiù chī bù chéng wǒ de dùn dòng dòu fu。）

n—l：

男旅客穿着蓝上装，（Nán lǚ kè chuān zhe lán shàng zhuāng，）
女旅客穿着呢大衣，（Nǚ lǚ kè chuān zhe ní dà yī，）
男旅客扶着拎篮子的老大娘，（Nán lǚ kè fú zhe līn lán zi de lǎo dà niáng，）
女旅客搀着拿笼子的小男孩儿。（Nǚ lǚ kè chān zhe ná lóng zi de xiǎo nán háir。）

f—h：

门前一堆肥，（Mén qián yì duī féi，）
门后一堆灰。（Mén hòu yì duī huī。）
肥和灰，灰和肥，（Féi hé huī，huī hé féi，）
不知是肥肥过灰，（Bù zhī shì féi féi guò huī，）
还是灰肥过肥。（Hái shì huī féi guò féi。）

s—sh：

四是四，十是十。（Sì shì sì，shí shì shí。）
十四是十四，（Shí sì shì shí sì，）
四十是四十。（Sì shí shì sì shí。）
谁说十四是四十，（Shuí shuō shí sì shì sì shí，）
或说四十是十四，（Huò shuō sì shí shì shí sì，）
轻者造误会，（Qīng zhě zào wù huì，）
重者误大事。（Zhòng zhě wù dà shì。）

j—q—x：

七巷一个漆匠，（Qī xiàng yí gè qī jiàng，）

西巷一个锡匠，（Xī xiàng yí gè xī jiàng，）

七巷漆匠偷了西巷锡匠的锡，（Qī xiàng qī jiàng tōu le xī xiàng xī jiàng de xī，）

西巷锡匠偷了七巷漆匠的漆。（Xī xiàng xī jiàng tōu le qī xiàng qī jiàng de qī。）

第三章

韵母——让字音圆润动听

【引言】

在生活中，人们都喜欢听那些圆润饱满、悦耳动听的发音，不喜欢听干瘪无力、含糊不清的发音。前者能给人温暖、热情的感觉，后者则会使人感觉寡淡无味。这种差异产生的原因主要在于韵母，因为韵母的发音特点就是响亮、圆润。所以，要想发音响亮、圆润，关键是要学好韵母的发音。

第一节　韵母的结构、分类及发音

一、韵母的结构

韵母是指汉语音节中声母后面的部分。例如，音节“得（dé）”中，d 是声母，e 是韵母。在没有声母的情况下，韵母可以自成音节，即零声母音节，如“袄（ǎo）”“望（wàng）”等。韵母是音节的主要部分，一个音节可以没有声母，但绝不能没有韵母。

韵母由韵头（又称介音）、韵腹（又称主要元音）、韵尾三个部分组成。韵头位于主要元音前，发音轻而短，只由 i、u、ü 三个元音充当；韵腹是韵母里的主要元音，它的发音最响亮，开口度最大，在任何一个音节里，韵腹都是必不可少的，常充当韵腹的元音有 a、o、e、ê、i、u、ü、er、-i（前）、-i（后）；韵尾是指韵腹后面的音素，由元音 i、u（o）和鼻辅音 n、ng 充当。例如，音节“亮（liàng）”的韵母是 iang，其中 i 是韵头，a 是韵腹，ng 是韵尾。

二、韵母的分类

（一）按结构特点分类

按结构特点分类，韵母可分为单韵母、复韵母和鼻韵母。单韵母是由一个元音构成的韵母，共 10 个（包括 3 个特殊韵母）；复韵母是由两个或三个元音结合而成的韵母，共 13 个；鼻韵母是由一个或两个元音后面带上鼻辅音构成的韵母，共 16 个，具体如表 3-1 所示。

表 3-1　普通话韵母表

单韵母（10 个，其中特殊韵母 3 个）									
韵母	代表字	韵母	代表字	韵母	代表字	韵母	代表字	韵母	代表字
a	啊	o	喔	e	鹅	ê	欸	i	衣
u	乌	ü	迂	-i（前）	资	-i（后）	吃	er	儿
复韵母（13 个）									
韵母	代表字	韵母	代表字	韵母	代表字	韵母	代表字	韵母	代表字
ai	哀	ei	欸	ao	熬	ou	欧	ia	呀
ie	耶	ua	蛙	uo	窝	üe	约	iao	腰
iou	忧	uai	歪	uei	威				

续表

鼻韵母（16 个）									
前鼻韵母（8 个）									
韵母	代表字	韵母	代表字	韵母	代表字	韵母	代表字	韵母	代表字
an	安	en	恩	in	因	ün	晕	ian	烟
uan	弯	uen	温	üan	冤				
后鼻韵母（8 个）									
韵母	代表字	韵母	代表字	韵母	代表字	韵母	代表字	韵母	代表字
ang	昂	eng	亨	ing	英	ong	轰	iang	央
uang	汪	ueng	翁	iong	雍				

（二）按发音口型分类

按发音口型分类，韵母可分为开口呼、齐齿呼、合口呼和撮口呼。

✓ **开口呼：**包括 a、o、e、ê、er、-i（前）、-i（后）和以 a、o、e 开头的韵母，共 15 个。

✓ **齐齿呼：**包括 i 和以 i 开头的韵母，共 9 个，如 iou、iao、ie、ia 等。

✓ **合口呼：**包括 u、以 u 开头的韵母（如 ua、uo、uai、uei 等）和 ong，共 10 个。

✓ **撮口呼：**包括 ü、以 ü 开头的韵母（如 üe、ün 等）和 iong，共 5 个。

三、韵母的发音

（一）单韵母的发音

单韵母主要依靠舌位和唇形的变化来发音。根据发音时舌头作用的不同，可将其分为舌面单元音（a、o、e、ê、i、u、ü），舌尖单元音[-i（前）、-i（后）]和卷舌元音（er）三类。

1. 舌面单元音的发音

a：

发音要领：口大开，舌尖微离下齿背，舌面中部微微隆起和硬腭后部相对。发音时，声带振动，软腭上升，关闭鼻腔通路。

例词：打靶 dǎ bǎ　　大厦 dà shà　　发达 fā dá

马达 mǎ dá　　喇叭 lǎ ba　　哪怕 nǎ pà

a、o、e、ê的发音

o：

发音要领：上下唇自然拢圆，舌体后缩，舌面后部隆起和软腭相对，舌位介于半高半低之间。发音时，声带振动，软腭上升，关闭鼻腔通路。

例词：伯伯 bó bo　　婆婆 pó po　　默默 mò mò

泼墨 pō mò　　菠萝 bō luó　　喔喔 wō wō

e：

发音要领：口半开，展唇，舌体后缩，舌面后部隆起和软腭相对，比发元音 o 时隆得略高且偏前。发音时，声带振动，软腭上升，关闭鼻腔通路。

例词：隔阂 gé hé　　合格 hé gé　　客车 kè chē
特色 tè sè　　折射 zhé shè　　这个 zhè ge

ê：

发音要领：口自然打开，展唇，舌尖抵住下齿背，舌面前部隆起和硬腭前部相对。发音时，声带振动，软腭上升，关闭鼻腔通路。除语气词“欸”外，ê不能独立成音节，只能和元音 i、ü 构成复韵母 ie、üe。

i：

发音要领：口微开，双唇呈扁平形，上下齿相对（齐齿），舌尖接触下齿背，舌面前部隆起和硬腭前部相对。发音时，声带振动，软腭上升，关闭鼻腔通路。

i、u、ü 的发音

例词：笔记 bǐ jì　　激励 jī lì　　基地 jī dì
记忆 jì yì　　霹雳 pī lì　　习题 xí tí

u：

发音要领：双唇收拢成圆形，略向前突，舌体后缩，舌面后部隆起和软腭相对。发音时，声带振动，软腭上升，关闭鼻腔通路。

例词：补助 bǔ zhù　　读物 dú wù　　辜负 gū fù
瀑布 pù bù　　入伍 rù wǔ　　疏忽 shū hu

ü：

发音要领：双唇拢圆，略向前突，舌尖抵住下齿背，舌面前部隆起和硬腭前部相对。发音时，声带振动，软腭下降，关闭鼻腔通路。

例词：聚居 jù jū　　区域 qū yù　　屈居 qū jū
须臾 xū yú　　序曲 xù qǔ　　语序 yǔ xù

2. 舌尖单元音的发音

-i（前）：

发音要领：口微开，展唇，舌尖和上齿背相对，保持适当距离。发音时，声带振动，软腭上升，关闭鼻腔通路。这个韵母在普通话里只出现在声母 z、c、s 的后面。

-i（前）、-i（后）、er 的发音

例词：私自 sī zì　　此次 cǐ cì　　次子 cì zǐ
恣肆 zì sì　　字词 zì cí　　孜孜 zī zī

-i（后）：

发音要领：口微开，展唇，舌面前部隆起和硬腭前部相对。发音时，声带振动，软腭上升，关闭鼻腔通路。这个韵母在普通话里只出现在声母 zh、ch、sh、r 的后面。

例词：实施 shí shī　　支持 zhī chí　　知识 zhī shi

制止 zhì zhǐ　　值日 zhí rì　　试制 shì zhì

3. 卷舌元音的发音

er：

发音要领：口自然打开，舌位居中，舌前、中部上抬，舌尖向后卷，和硬腭前端相对。发音时，声带振动，软腭上升，关闭鼻腔通路。

例词：而且 ér qiě　　儿歌 ér gē　　耳朵 ěr duo

二胡èr hú　　二十èr shí　　儿童 ér tóng

（二）复韵母的发音

复韵母的发音有以下两个特点：

① 由前一个元音滑向后一个元音，发音过程中，气流不中断，口腔、舌位、唇形发生一系列连续变化，发出的语音浑然一体。例如，发 ai 时，从 a 到 i，舌位逐渐升高、前移，嘴唇逐渐展开。

② 各元音的发音响度不同。主要元音的发音口腔开度最大，声音最响亮，持续时间最长；其他元音发音轻短或含混不清。响度大的元音在前的，叫作前响复韵母；响度大的元音在后的，叫作后响复韵母；响度大的元音在中间的，叫作中响复韵母。

1. 前响复韵母的发音

普通话中的前响复韵母有 4 个：ai、ao、ei、ou。其发音特点是前响后轻。发音时，舌位都是由低向高滑动，开头的元音音素发音响亮清晰、时间较长，收尾的元音音素发音轻短模糊，只表示舌位滑动的方向。

ai：

发音要领：舌头前伸，舌尖接触下齿背，口打开，从起点音 a 开始，口腔渐闭，舌位向元音 i 的舌位方向滑动升高。

例词：爱戴 ài dài　　采摘 cǎi zhāi　　海带 hǎi dài

开采 kāi cǎi　　拍卖 pāi mài　　灾害 zāi hài

ai、ao、ei、ou 的发音

ei：

发音要领：舌头前伸，舌尖接触下齿背，口半开，从起点音 e 开始，舌位向元音 i 的舌位方向滑动升高。

例词：肥美 féi měi　　妹妹 mèi mei　　配备 pèi bèi

累累 lěi lěi　　蓓蕾 bèi lěi

ao：

发音要领：舌头后缩，舌尖离开下齿背，口打开，从起点音 a 开始，舌位向元音 u（拼写时写作 o，实际发音接近 u）的舌位方向滑动升高，唇形渐圆。

例词：懊恼 ào nǎo　　操劳 cāo láo　　高潮 gāo cháo

　　　骚扰 sāo rǎo　　逃跑 táo pǎo　　早操 zǎo cāo

ou：

发音要领：舌头后缩，舌尖离开下齿背，口半开。起点音的舌位比单元音 o 略高、略前，然后舌位向元音 u 的舌位方向滑动升高。唇形始终为圆形，只是口渐闭。

例词：丑陋 chǒu lòu　　兜售 dōu shòu　　口头 kǒu tóu

　　　漏斗 lòu dǒu　　收购 shōu gòu　　喉头 hóu tóu

2. 后响复韵母的发音

普通话中的后响复韵母有 5 个：ia、ie、ua、uo、üe。它们的发音特点是前轻后响。发音时，舌位由高向低滑动，收尾的元音音素响亮清晰，开头的元音音素发音轻短，只表示舌位滑动的方向。

ia、ie 的发音

ia：

发音要领：由元音 i 开始，舌位向下、向后滑动，口渐开，到元音 a 止。i 的发音较短，a 的发音较长且响亮。

例词：假牙 jiǎ yá　　恰恰 qià qià　　压价 yā jià

　　　下家 xià jiā　　下达 xià dá

ie：

发音要领：由元音 i 开始，舌位向下滑动至元音ê的舌位，舌尖始终不离开下齿背。

例词：结业 jié yè　　贴切 tiē qiè　　铁屑 tiě xiè

　　　姐姐 jiě jie　　歇业 xiē yè　　趔趄 liè qie

ua、uo、üe 的发音

ua：

发音要领：由元音 u 开始，舌位向下滑动至元音 a 的舌位，唇形由圆渐展。

例词：挂花 guà huā　　耍滑 shuǎ huá　　娃娃 wá wa

　　　花袜 huā wà　　垮台 kuǎ tái

uo：

发音要领：由元音 u 开始，舌位向下滑动至元音 o 的舌位，舌头始终后缩，唇形始终为圆形（开头最圆，结尾圆度略减），口的开度渐大。

例词：错落 cuò luò　　硕果 shuò guǒ　　脱落 tuō luò

　　　哆嗦 duō suo　　活捉 huó zhuō

üe：

发音要领：由元音 ü 开始，舌位向下滑动至元音ê的舌位，舌尖始终与下齿背接触，唇形随着口的打开由圆渐展。

例词：雀跃 què yuè　　约略 yuē lüè　　雪月 xuě yuè
　　　决绝 jué jué　　绝学 jué xué　　略缺 lüè quē

3. 中响复韵母的发音

普通话中的中响复韵母共有 4 个：iao、iou、uai、uei。这些韵母的发音特点是舌位先由高向低滑动，再由低向高滑动。开头的元音音素发音不响亮、较短促，只表示舌位滑动的开始，在音节里，特别是在零声母音节里常伴有轻微的摩擦；中间的元音音素响亮清晰；收尾的元音音素轻短模糊，只表示舌位滑动的方向。

iao、iou 的发音

iao：

发音要领：在前响复韵母 ao 的前面加一个轻短的元音 i。发音时，舌位先降后升、由前至后，唇形逐渐拢圆。

例词：吊销 diào xiāo　　疗效 liáo xiào　　巧妙 qiǎo miào
　　　调料 tiáo liào　　逍遥 xiāo yáo　　苗条 miáo tiao

iou：

发音要领：在前响复韵母 ou 的前面加一个轻短的元音 i。发音时，舌位先降后升、由前至后，唇形逐渐拢圆。

例词：久留 jiǔ liú　　求救 qiú jiù　　绣球 xiù qiú
　　　优秀 yōu xiù　　悠久 yōu jiǔ　　牛油 niú yóu

uai、uei 的发音

uai：

发音要领：在前响复韵母 ai 的前面加元音 u。发音时，舌位先降后升、由后至前，唇形渐展。

例词：外快 wài kuài　　怀揣 huái chuāi　　乖乖 guāi guāi
　　　摔坏 shuāi huài　　踹坏 chuài huài

uei：

发音要领：在前响复韵母 ei 的前面加元音 u。发音时，舌位先降后升、由后至前，唇形渐展。

例词：垂危 chuí wēi　　归队 guī duì　　悔罪 huǐ zuì
　　　追悔 zhuī huǐ　　荟萃 huì cuì　　推诿 tuī wěi

提 示

iou、uei 在与声母相拼合时，韵腹 o、e 省写。

（三）鼻韵母的发音

鼻韵母是指带有鼻辅音的韵母，又称鼻音尾韵母。鼻韵母的发音有以下两个特点：

① 元音同后面的鼻辅音不是生硬地结合在一起的，而是一个有机的统一体。发音时，由元音的发音状态自然地向鼻辅音过渡，逐渐增加鼻音色彩。

② 鼻韵母的发音不是以鼻辅音为主，而是以元音为主，元音响亮清晰，鼻辅音的发音不太明显。

普通话中的鼻韵母有 16 个，按韵尾的不同可分为两类：以-n 作韵尾的称为前鼻韵母，包括 an、en、in、ün、ian、uan、uen、üan；以-ng 作韵尾的称为后鼻韵母，包括 ang、eng、ing、ong、iang、uang、ueng、iong。

1. 前鼻韵母的发音

an：

发音要领：舌尖抵住下齿背，舌位降到最低，软腭上升，关闭鼻腔通路。以元音 ɑ 为起点音，舌位逐渐升高，舌面前部贴向硬腭前部。当两者将要接触时，软腭下降，打开鼻腔通路。紧接着舌尖接触上齿龈，舌面前部与硬腭前部闭合，使在口腔受到阻碍的气流改从鼻腔通过。

an、en、in 的发音

例词：参战 cān zhàn　　反感 fǎn gǎn　　烂漫 làn màn

谈判 tán pàn　　坦然 tǎn rán　　赞叹 zàn tàn

en：

发音要领：舌尖抵住下齿背，舌位居中，软腭上升，关闭鼻腔通路。以元音 e 为起点音，舌面逐渐升高，舌面前部贴向硬腭前部。当两者将要接触时，软腭下降，打开鼻腔通路。紧接着舌尖接触上齿龈，舌面前部与硬腭前部闭合，使在口腔中受阻的气流改从鼻腔通过。

例词：根本 gēn běn　　门诊 mén zhěn　　人参 rén shēn

认真 rèn zhēn　　深沉 shēn chén　　振奋 zhèn fèn

in：

发音要领：舌尖抵住下齿背，软腭上升，关闭鼻腔通路。以元音 i 为起点音，舌面逐渐升高。当舌面前部与硬腭前部将要接触时，软腭下降，打开鼻腔通路。紧接着舌尖接触上齿龈，舌面前部与硬腭前部闭合，使在口腔中受阻的气流改从鼻腔通过。

例词：近邻 jìn lín　　拼音 pīn yīn　　信心 xìn xīn

辛勤 xīn qín　　引进 yǐn jìn　　濒临 bīn lín

ün：

发音要领：舌尖抵住下齿背，软腭上升，关闭鼻腔通路。以元音 ü 为起点音，舌面升高，唇形渐展。当舌面前部与硬腭前部将要接触时，软腭下降，打开鼻腔通路。接着舌面前部与硬腭前部闭合，舌尖抵在上齿龈上，使在口腔中受阻的气流改从鼻腔通过。

例词：军训 jūn xùn　　均匀 jūn yún　　芸芸 yún yún

群众 qún zhòng　　循环 xún huán　　允许 yǔn xǔ

ian：

发音要领：以元音 i 为起点音，舌位向下滑动，口渐开。当舌位降到元音ê的舌位时，开始升高，直到舌面前部贴向硬腭前部，舌尖抵在上齿龈上，形成鼻音 n。

例词：艰险 jiān xiǎn　　简便 jiǎn biàn　　连篇 lián piān
前天 qián tiān　　浅显 qiǎn xiǎn　　田间 tián jiān

uan：

发音要领：以元音 u 为起点音，舌位向前、向下滑动，唇形渐展。当舌位降到元音 a 的舌位时，开始升高，直到舌面前部贴向硬腭前部，舌尖抵在上齿龈上，形成鼻音 n。

例词：贯穿 guàn chuān　　酸软 suān ruǎn　　婉转 wǎn zhuǎn
专款 zhuān kuǎn　　转换 zhuǎn huàn　　软缎 ruǎn duàn

uen：

发音要领：以元音 u 为起点音，舌位向元音 e 的舌位滑动，唇形渐展。发出响亮清晰的 e 后，舌位开始升高，形成鼻音 n。

例词：昆仑 kūn lún　　温存 wēn cún　　温顺 wēn shùn
论文 lùn wén　　馄饨 hún tun　　谆谆 zhūn zhūn

提 示

uen 在与声母相拼合时，韵腹 e 省写。

üan：

发音要领：以元音 ü 为起点音，舌位向下滑动，口渐开，唇形渐展。当舌位降到元音ê的舌位时，开始升高，直到舌面前部贴向硬腭前部，舌尖抵在上齿龈上，形成鼻音 n。

例词：源泉 yuán quán　　轩辕 xuān yuán　　涓涓 juān juān
圆圈 yuán quān　　渊源 yuān yuán

üan、ün 的发音

2. 后鼻韵母的发音

ang：

发音要领：以元音 a 为起点音，舌头后缩，舌根抬起。当舌根将要接触软腭时，软腭下降，打开鼻腔通路。此时气流在口腔中的通路已被舌根与软腭阻塞，气流改从鼻腔通过。

例词：帮忙 bāng máng　　苍茫 cāng máng　　当场 dāng chǎng
刚刚 gāng gāng　　商场 shāng chǎng　　上当 shàng dàng

ang、eng 的发音

eng:

发音要领：以元音 e 为起点音，舌头后缩，舌根抬起。当舌根将要接触软腭时，软腭下降，打开鼻腔通路。此时气流在口腔中的通路已被舌根与软腭阻塞，气流改从鼻腔通过。

例词：承蒙 chéng méng　丰盛 fēng shèng　更正 gēng zhèng

萌生 méng shēng　声称 shēng chēng　升腾 shēng téng

ian、uan、uen 的发音

ing:

发音要领：以元音 i 为起点音，舌尖逐渐离开下齿背，舌根靠向软腭。当两者快要接触时，软腭下降，打开鼻腔通路。此时气流在口腔中的通路已被舌根与软腭阻塞，气流改从鼻腔通过。

例词：叮咛 dīng níng　经营 jīng yíng　命令 mìng lìng

评定 píng dìng　清静 qīng jìng　姓名 xìng míng

ong:

发音要领：以元音 u 为起点音，舌头后缩，舌根靠向软腭。当两者快要接触时，软腭下降，打开鼻腔通路。此时气流在口腔中的通路已被舌根与软腭阻塞，气流改从鼻腔通过。

例词：共同 gòng tóng　轰动 hōng dòng　空洞 kōng dòng

隆重 lóng zhòng　通融 tōng róng　恐龙 kǒng lóng

iang:

发音要领：以元音 i 为起点音，舌位向下、向后滑动，滑动至元音 a 的舌位后开始升高。当舌根将要接触软腭时，软腭下降，打开鼻腔通路。此时气流在口腔中的通路已被舌根与软腭阻塞，气流改从鼻腔通过。

例词：两样 liǎng yàng　洋相 yáng xiàng　响亮 xiǎng liàng

踉跄 liàng qiàng　相像 xiāng xiàng　强项 qiáng xiàng

iang、ing 的发音

uang:

发音要领：以元音 u 为起点音，紧接着舌位向下滑动，唇形渐展。舌位降至元音 a 的舌位后开始升高。当舌根将要与软腭接触时，软腭下降，打开鼻腔通路。此时气流在口腔中的通路已被舌根与软腭阻塞，气流改从鼻腔通过。

例词：狂妄 kuáng wàng　双簧 shuāng huáng

状况 zhuàng kuàng　窗框 chuāng kuàng

惶惶 huáng huáng

uang、ueng、ong、iong 的发音

ueng:

发音要领：以元音 u 为起点音，舌位向下滑动，唇形渐展。当舌位降至比元音 e 的舌位略前、略低的位置时，开始升高，舌根靠向软腭。当两者快要接触时，软腭下降，打开鼻腔通路。此时气流在口腔中的通路已被舌根与软腭阻塞，气流改从鼻腔通过。

例词：蕹菜 wèng cài　　水瓮 shuǐ wèng　　主人翁 zhǔ rén wēng
　　　蓊郁 wěng yù　　嗡嗡 wēng wēng　　老翁 lǎo wēng

iong：

发音要领：以元音 ü 为起点音，舌头后缩，舌根升高，靠向软腭。当两者将要接触时，软腭下降，打开鼻腔通路。此时气流在口腔中的通路已被舌根与软腭阻塞，气流改从鼻腔通过。

例词：炯炯 jiǒng jiǒng　　汹涌 xiōng yǒng　　穷困 qióng kùn
　　　熊熊 xióng xióng　　窘境 jiǒng jìng

第二节　韵母分辨

一、分辨前、后鼻韵母

普通话中，前、后鼻韵母基本上是一一对应的关系，如 in—ing、en—eng、an—ang、ian—iang、uan—uang。但在大多数方言中，往往存在前、后鼻韵母混用的现象。例如，“信心（xìn xīn）”被读作“杏星（xìng xīng）”，“清明（qīng míng）”被读作“亲民（qīn mín）”等。分辨前、后鼻韵母，是这些方言区的人学习韵母的重点和难点。

分辨前鼻韵母和后鼻韵母

分清这两类鼻韵母的前提是区分韵尾的发音部位：发前鼻音 n 时，舌尖抵住上齿龈，口的开度较小；发后鼻音 ng 时，舌后部隆起，舌根尽力后缩，顶住软腭，口的开度较大。

学生可以通过对比以下例词的发音，进一步体会前、后鼻韵母的区别。

扳手 bān shǒu—帮手 bāng shǒu　　女篮 nǚ lán—女郎 nǚ láng
反问 fǎn wèn—访问 fǎng wèn　　战防 zhàn fáng—账房 zhàng fáng
人民 rén mín—人名 rén míng　　亲戚 qīn qi—氢气 qīng qì
金星 jīn xīng—惊心 jīng xīn　　严谨 yán jǐn—盐井 yán jǐng

趣味小案例

多年前，一位从西北某地来北京的游客乘坐 1 路公交车去建国门。他拿出一张五元面值的人民币给售票员，说：“见过么（建国门）。”售票员没有反应。游客以为钱不够，又拿出一张五十元面值的人民币，说：“见过么。”售票员急了，他拿出一张一百元面值的人民币，生气地对游客说：“这个你见过么？”游客恍然大悟，不好意思地说：“我是要到终点站见过么！”

二、分辨齐齿呼韵母与撮口呼韵母

分辨合口呼韵母和撮口呼韵母

齐齿呼韵母与撮口呼韵母不分主要表现为 i 和 ü、ie 和 üe 区分不清。在某些方言中，没有 ü 和以 ü 开头的撮口呼韵母，而将 ü 都发成 i 的音。例如，“鱼头（yú tóu）”被读作“姨头（yí tóu）”，“奇遇（qí yù）”被读作“奇异（qí yì）”，“有趣（yǒu qù）”被读作“有气（yǒu qì）”，“全选（quán xuǎn）”被读作“浅显（qiǎn xiǎn）”。发准 i 和 ü 的关键在于把握好唇形，尤其要记住，读 ü 时唇形一定要向前撮圆。

学生可以通过下面几组词语，体会元音 i 和 ü 发音的异同之处。

生育 shēng yù—生意 shēng yì

聚会 jù huì—忌讳 jì huì

季节 jì jié—拒绝 jù jué

遗传 yí chuán—渔船 yú chuán

切实 qiè shí—确实 què shí

居住 jū zhù—记住 jì zhù

取名 qǔ míng—起名 qǐ míng

盐分 yán fèn—缘分 yuán fèn

茄子 qié zi—瘸子 qué zi

三、分辨合口呼韵母与撮口呼韵母

普通话中的合口呼韵母与撮口呼韵母在某些方言区（如湘方言区）易被混淆，主要表现是将韵母为 u、uen 的字读作韵母为 ü、ün 的字，同时将舌尖后音声母发成舌面音声母。例如，“朱（zhū）”被读作“居（jū）”，“春（chūn）”被读作“逡（qūn）”，“顺（shùn）”被读作“训（xùn）”。

分辨齐齿呼韵母和撮口呼韵母

这些方言区的人可采用熟读词语法进行辨正，即熟读舌尖后音与合口呼相拼的词语，并在读的过程中注意将易被错读成撮口呼的韵母改读成合口呼韵母。

四、分辨合口呼韵母与开口呼韵母

（一）分辨 u 和 ou

有些方言区的人将合口呼韵母 u 发成开口呼复韵母 ou，如将“土（tǔ）”读作“tǒu”，将“读（dú）”读作“dóu”。这些方言区的人可通过记住拼合规律进行分辨：

① 普通话中没有音节为“dou”的阳平字，没有音节为“tou”的上声字。凡方言中念“dóu”的应改念为“dú”，如“读、毒、独”；凡方言中念“tǒu”的应改念为“tǔ”，如“土、吐”。

分辨合口呼韵母和开口呼韵母

② 普通话中没有音节为“zou”“sou”的阳平字。凡方言中念“zóu”的应改念为“zú”，如“足、卒”；凡方言中念“sóu”的应改念为“sú”，如“俗”。

③ 普通话中以“cou”为音节的字只有去声字“凑”，方言中其他念“cou”的字，韵母都应是 u，如“粗、促、猝、醋”。

（二）分辨 e 和 uo

有些方言区（如武汉、成都、扬州、长沙、厦门等地）的人易将韵母 e 读作韵母 uo。例如，将“和（hé）”读作“huó”，“哥（gē）”读作“guō”，将“个（gè）”读作“guò”。

要正确分辨 e 和 uo，首先应牢记韵母为 e 和 uo 的代表字，再利用声旁进行类推。例如，“罗（luó）”的韵母是 uo，那么，以“罗”为声旁的字，如“啰、萝、猡、锣、箩”等，其韵母均是 uo；“各（gè）”的韵母是 e，那么，以“各”为声旁的字，如“咯、胳、袼、阁、搁、格、骼、硌、铬”等，其韵母多为 e。

（三）韵头 u 能否丢弃

在某些方言中，合口呼韵母 uan、uei、uen 与 d、t、n、l、z、c、s 等声母相拼时，丢弃了韵头 u 后变成了开口呼韵母 an、ei、en。例如，“队（duì）”被读作“dèi”；“团（tuán）”被读作“tán”；“尊（zūn）”被读作“zēn”等。

对于这种情况，可通过记住以下拼合规律进行分辨：

① 除了“得（děi）”“贼（zéi）”之外，d、t、z、c、s 一般不与 ei 相拼，却能与 uei 相拼，由此推知“对、兑、推、腿、嘴、醉、碎、岁”等字的韵母都是 uei。

② d、t、l 不与 en 相拼，但常与 uen 相拼，由此推知“吨、敦、吞、豚、论、轮、尊、村、孙”等字的韵母都是 uen。

第三节　韵母发音训练

一、单韵母发音训练

（一）基本发音训练

单韵母发音训练 1

a:

拉萨 lā sà　　哈达 hǎ dá　　喇叭 lǎ ba

大妈 dà mā　　沙发 shā fā　　大巴 dà bā

o：

磨破 mó pò　　馍馍 mó mo　　泼墨 pō mò

伯伯 bó bo　　默默 mò mò　　婆婆 pó po

e：

隔阂 gé hé　　合格 hé gé　　特色 tè sè

色泽 sè zé　　折射 zhé shè　　割舍 gē shě

i：

起立 qǐ lì　　集体 jí tǐ　　利益 lì yì

积极 jī jí　　地理 dì lǐ　　笔记 bǐ jì

u：

图书 tú shū　　祝福 zhù fú　　树木 shù mù

补助 bǔ zhù　　服务 fú wù　　辜负 gū fù

ü：

序曲 xù qǔ　　吕剧 lǚ jù　　聚居 jù jū

雨具 yǔ jù　　区域 qū yù　　须臾 xū yú

-i（前）：

子嗣 zǐ sì　　四次 sì cì　　刺死 cì sǐ

刺字 cì zì　　此次 cǐ cì　　字词 zì cí

-i（后）：

指示 zhǐ shì　　失职 shī zhí　　实施 shí shī

支持 zhī chí　　制止 zhì zhǐ　　失实 shī shí

er：

儿女 ér nǚ　　而今 ér jīn　　二心 èr xīn

偶尔 ǒu ěr　　儿戏 ér xì　　耳朵 ěr duo

（二）对比辨音训练

i—ü：

仪（yí）式—于（yú）是　　名义（yì）—名誉（yù）

意（yì）见—遇（yù）见　　姓李（lǐ）—姓吕（lǚ）

议（yì）论—舆（yú）论　　美意（yì）—美誉（yù）

以（yǐ）及（jí）—雨（yǔ）具（jù）　　拟（nǐ）人—女（nǚ）人

单韵母发音训练 2

e—uo：

课（kè）件—扩（kuò）建　　开课（kè）—开阔（kuò）
河（hé）水—活（huó）水　　贺（hè）喜—获（huò）悉
乐（lè）呵—洛（luò）河　　喝（hē）酒—获（huò）救
大哥（gē）—大锅（guō）　　计策（cè）—记错（cuò）

u—ou：

图（tú）书—投（tóu）书　　涂（tú）饰—头（tóu）饰
突（tū）击—偷（tōu）鸡　　炉（lú）台—楼（lóu）台
肚（dù）子—豆（dòu）子　　态度（dù）—泰斗（dǒu）

（三）绕口令练习

下面练习中“一”字发生变读的，标的是变读后的音调。

e：

坡上立着一只鹅，（Pō shàng lì zhe yì zhī é，）
坡下就是一条河。（Pō xià jiù shì yì tiáo hé。）
宽宽的河，肥肥的鹅，（Kuān kuān de hé， féi féi de é，）
鹅要过河，河要渡鹅。（É yào guò hé， hé yào dù é。）
不知是鹅过河，还是河渡鹅。（Bù zhī shì é guò hé， hái shì hé dù é。）

i：

一二三、三二一，（Yī èr sān、 sān èr yī，）
一二三四五六七，（Yī èr sān sì wǔ liù qī，）
七六五四三二一，（Qī liù wǔ sì sān èr yī，）
七个姑娘来聚齐，（Qī gè gū niang lái jù qí，）
七只花篮手中提，（Qī zhī huā lán shǒu zhōng tí，）
一起来到花园里，（Yì qǐ lái dào huā yuán lǐ，）
摘的是槟子、橙子、柿子、李子和栗子。（Zhāi de shì bīn zi、 chéng zi、 shì zi、 lǐ zi hé lì zi。）

i—ü：

清早起来雨稀稀，（Qīng zǎo qǐ lái yǔ xī xī，）
王七上街去买席。（Wáng qī shàng jiē qù mǎi xí。）
骑着毛驴跑得急，（Qí zhe máo lǘ pǎo de jí，）
捎带卖蛋又贩梨。（Shāo dài mài dàn yòu fàn lí。）
一跑跑到小桥西，（Yì pǎo pǎo dào xiǎo qiáo xī，）
毛驴一下跌了蹄。（Máo lǘ yí xià diē le tí。）
打了蛋，撒了梨，跑了驴，（Dǎ le dàn， sǎ le lí， pǎo le lǘ，）

急得王七眼泪滴，（Jí de wáng qī yǎn lèi dī,）
又哭鸡蛋又骂驴。（Yòu kū jī dàn yòu mà lǘ。）

二、复韵母发音训练

（一）基本发音训练

1. 前响复韵母

复韵母发音训练 1

ai:

灾害 zāi hài　　晒台 shài tái　　皑皑 ái ái
彩排 cǎi pái　　摆开 bǎi kāi　　海苔 hǎi tái

ei:

配备 pèi bèi　　狒狒 fèi fèi　　北美 běi měi
飞贼 fēi zéi　　违背 wéi bèi　　蓓蕾 bèi lěi

ao:

犒劳 kào láo　　抛锚 pāo máo　　号啕 háo táo
报考 bào kǎo　　毫毛 háo máo　　吵闹 chǎo nào

ou:

守候 shǒu hòu　　漏斗 lòu dǒu　　抖擞 dǒu sǒu
欧洲 ōu zhōu　　瘦肉 shòu ròu　　走漏 zǒu lòu

2. 后响复韵母

ia:

下牙 xià yá　　法家 fǎ jiā　　加价 jiā jià
家鸭 jiā yā　　花甲 huā jiǎ　　压榨 yā zhà

ie:

铁屑 tiě xiè　　节烈 jié liè　　斜街 xié jiē
窃窃 qiè qiè　　铁鞋 tiě xié　　乜斜 miē xie

ua:

花袜 huā wà　　挂画 guà huà　　垮台 kuǎ tái
自夸 zì kuā　　画画 huà huà　　狠抓 hěn zhuā

uo：

国货 guó huò	蹉跎 cuō tuó	懦弱 nuò ruò
骆驼 luò tuo	过错 guò cuò	陀螺 tuó luó

üe：

哲学 zhé xué	决裂 jué liè	侵略 qīn lüè
隔绝 gé jué	浴血 yù xuè	绝学 jué xué

3. 中响复韵母

iao：

吊销 diào xiāo	苗条 miáo tiao	疗效 liáo xiào
巧妙 qiǎo miào	调料 tiáo liào	萧条 xiāo tiáo

iou：

悠久 yōu jiǔ	绣球 xiù qiú	优秀 yōu xiù
求救 qiú jiù	旧友 jiù yǒu	牛油 niú yóu

uai：

外踝 wài huái	淮海 huái hǎi	元帅 yuán shuài
衰败 shuāi bài	拽住 zhuài zhù	徘徊 pái huái

uei：

汇兑 huì duì	水位 shuǐ wèi	追悔 zhuī huǐ
回味 huí wèi	魁伟 kuí wěi	推诿 tuī wěi

（二）对比辨音训练

üan—ian：

倦（juàn）意—建（jiàn）议	权（quán）限—前（qián）线
当权（quán）—当前（qián）	全（quán）程—前（qián）程
庄园（yuán）—庄严（yán）	方圆（yuán）—方言（yán）

ie—üe：

切（qiè）实—确（què）实	列（liè）表—略（lüè）表
猎（liè）取—掠（lüè）取	日夜（yè）—日月（yuè）
竹叶（yè）—逐月（yuè）	午夜（yè）—五岳（yuè）

复韵母发音训练 2

ia—ie：

大家（jiā）—大街（jiē）	红霞（xiá）—红鞋（xié）
推下（xià）—推卸（xiè）	好虾（xiā）—好些（xiē）

一架（jià）——一届（jiè）　　下嫁（jià）—下届（jiè）

（三）绕口令练习

下面练习中“一”“不”发生变读的，标的是变读后的音调。

ia：

天上飘着一片霞，（Tiān shàng piāo zhe yí piàn xiá，）
水上漂着一群鸭。（Shuǐ shàng piāo zhe yì qún yā。）
霞是五彩霞，（Xiá shì wǔ cǎi xiá，）
鸭是麻花鸭。（Yā shì má huā yā。）
麻花鸭游进五彩霞，（Má huā yā yóu jìn wǔ cǎi xiá，）
五彩霞挽住麻花鸭。（Wǔ cǎi xiá wǎn zhù má huā yā。）
乐坏了鸭，（Lè huài le yā，）
拍碎了霞，（Pāi suì le xiá，）
分不清是鸭还是霞。（Fēn bù qīng shì yā hái shì xiá。）

iou：

一葫芦酒，九两六。（Yì hú lu jiǔ，jiǔ liǎng liù。）
一葫芦油，六两九。（Yì hú lu yóu，liù liǎng jiǔ。）
六两九的油，（Liù liǎng jiǔ de yóu，）
要换九两六的酒。（Yào huàn jiǔ liǎng liù de jiǔ。）
九两六的酒，（Jiǔ liǎng liù de jiǔ，）
不换六两九的油。（Bú huàn liù liǎng jiǔ de yóu。）

三、鼻韵母发音训练

鼻韵母发音训练 1

（一）基本发音训练

1. 前鼻韵母+前鼻韵母

本分 běn fèn
沉浸 chén jìn
粉尘 fěn chén
狠心 hěn xīn
进军 jìn jūn
禁运 jìn yùn
田园 tián yuán
圈点 quān diǎn

濒临 bīn lín
沉闷 chén mèn
奋进 fèn jìn
谨慎 jǐn shèn
音韵 yīn yùn
因循 yīn xún
练拳 liàn quán
圆脸 yuán liǎn

臣民 chén mín
称心 chèn xīn
愤恨 fèn hèn
近邻 jìn lín
嶙峋 lín xún
边缘 biān yuán
悬念 xuán niàn
眷恋 juàn liàn

2. 前鼻韵母+后鼻韵母

奔腾 bēn téng	本领 běn lǐng	本能 běn néng
沉静 chén jìng	分明 fēn míng	分清 fēn qīng
纷争 fēn zhēng	根茎 gēn jīng	金星 jīn xīng
今生 jīn shēng	进程 jìn chéng	进行 jìn xíng
班长 bān zhǎng	擅长 shàn cháng	探访 tàn fǎng
艳阳 yàn yáng	边疆 biān jiāng	遣将 qiǎn jiàng
晚装 wǎn zhuāng	宽广 kuān guǎng	观光 guān guāng
船王 chuán wáng	冤枉 yuān wang	蚊虫 wén chóng
混同 hùn tóng	纯种 chún zhǒng	尊崇 zūn chóng
运用 yùn yòng	寻香 xún xiāng	军用 jūn yòng

3. 后鼻韵母+后鼻韵母

冰冷 bīng lěng	兵营 bīng yíng	丙丁 bǐng dīng
并行 bìng xíng	病情 bìng qíng	曾经 céng jīng
澄清 chéng qīng	成名 chéng míng	叮咛 dīng níng
顶峰 dǐng fēng	订正 dìng zhèng	定型 dìng xíng
蝗虫 huáng chóng	苍穹 cāng qióng	动听 dòng tīng
狂风 kuáng fēng	共同 gòng tóng	工农 gōng nóng
动情 dòng qíng	膨胀 péng zhàng	臃肿 yōng zhǒng
通往 tōng wǎng	爽朗 shuǎng lǎng	行动 xíng dòng

4. 后鼻韵母+前鼻韵母

病因 bìng yīn	并进 bìng jìn	城镇 chéng zhèn
成分 chéng fèn	成亲 chéng qīn	诚心 chéng xīn
承认 chéng rèn	登门 dēng mén	盯人 dīng rén
缝纫 féng rèn	更新 gēng xīn	恒心 héng xīn
枉然 wǎng rán	伤寒 shāng hán	香烟 xiāng yān
抢险 qiǎng xiǎn	江边 jiāng biān	相连 xiāng lián
黄砖 huáng zhuān	光管 guāng guǎn	双全 shuāng quán
控温 kòng wēn	红唇 hóng chún	通论 tōng lùn

5. 前、后鼻韵母综合训练

清新 qīng xīn	成形 chéng xíng	阵营 zhèn yíng
成品 chéng pǐn	听信 tīng xìn	分成 fēn chéng
盛行 shèng xíng	人称 rén chēng	心灵 xīn líng
成因 chéng yīn	引进 yǐn jìn	真诚 zhēn chéng
垫圈 diàn quān	全篇 quán piān	军心 jūn xīn

赞赏 zàn shǎng　　房产 fáng chǎn　　网关 wǎng guān
尊崇 zūn chóng　　拥军 yōng jūn　　更换 gēng huàn
板凳 bǎn dèng　　运动 yùn dòng　　丰厚 fēng hòu

（二）对比辨音训练

鼻韵母发音训练 2

an—ang:

扳（bān）手—帮（bāng）手　　女篮（lán）—女郎（láng）
反（fǎn）问—访（fǎng）问　　担（dān）心—当（dāng）心
粘（zhān）贴—张（zhāng）贴　　水湾（wān）—水汪（wāng）

en—eng:

陈（chén）旧—成（chéng）就　　真（zhēn）气—蒸（zhēng）汽
诊（zhěn）断—整（zhěng）段　　上身（shēn）—上升（shēng）
针（zhēn）眼—睁（zhēng）眼　　同门（mén）—同盟（méng）

in—ing:

红心（xīn）—红星（xīng）　　人民（mín）—人名（míng）
信（xìn）服—幸（xìng）福　　劲（jìn）头—镜（jìng）头
因（yīn）而—婴（yīng）儿　　海滨（bīn）—海兵（bīng）

eng—ong:

恒（héng）星—红（hóng）星　　征（zhēng）用—中（zhōng）用
龙灯（dēng）—隆冬（dōng）　　耕（gēng）种—公（gōng）众
征（zhēng）程—忠（zhōng）诚　　正（zhèng）视—重（zhòng）视

（三）绕口令练习

下面练习中“不”字发生变读的，标的是变读后的音调。

an—ang:

扁担长，板凳宽，（Biǎn dan cháng, bǎn dèng kuān,）
扁担没有板凳宽，（Biǎn dan méi yǒu bǎn dèng kuān,）
板凳没有扁担长。（Bǎn dèng méi yǒu biǎn dan cháng。）
扁担要绑在板凳上，（Biǎn dan yào bǎng zài bǎn dèng shàng,）
板凳不让扁担绑在板凳上。（Bǎn dèng bú ràng biǎn dan bǎng zài bǎn dèng shàng。）
扁担偏要绑在板凳上，（Biǎn dan piān yào bǎng zài bǎn dèng shàng,）
板凳偏不让扁担绑在板凳上。（Bǎn dèng piān bú ràng biǎn dan bǎng zài bǎn dèng shàng。）

en—eng:

陈是陈，程是程。（Chén shì chén, chéng shì chéng。）

姓陈不能说成姓程，（Xìng chén bù néng shuō chéng xìng chéng，）
姓程不能说成姓陈。（Xìng chéng bù néng shuō chéng xìng chén。）
禾木是程，耳东是陈。（Hé mù shì chéng，ěr dōng shì chén。）
程陈不分，就会认错人。（Chéng chén bù fēn，jiù huì rèn cuò rén。）

第四章

声调——让语音抑扬顿挫

【引言】

在学习了第二章和第三章的内容以后，我们知道了声母和韵母在普通话发音中的重要作用，并且掌握了它们的发音技巧。但是，即使声母和韵母的发音都很准确，如果声调不对，仍可能让人不解其意。例如，一个留学生说："我来中国想学习韩（hán）语。"让听者摸不着头脑。其实，他是说想学习汉（hàn）语。由此可见，掌握声调也是普通话学习中一个非常重要的环节。

第一节　声调概述

一、声调及其作用

声调又称字调，是指语言的音调变化。在现代汉语语音学中，声调是指汉语音节中所固有的，可以区别字词意义的声音的高低和升降。声调和声母、韵母共同构成汉语音节。

声调的主要作用就是区别不同字的意义。例如，“低”“敌”“抵”“第”这四个字的音节，其声母、韵母都相同，但是声调不同，表示的意义也不同。另外，声调还可以增强语言的节奏感和感染力，使汉语具有抑扬顿挫的韵律美。例如，“蓝蓝的天空白云飘，白云下面马儿跑”，如果用错落有致的声调朗读，就能给人带来听觉上的美感；如果全按阴平调读，听起来就像“老和尚念经”，不仅毫无美感，更难传递其中的意蕴。

趣味小案例

小唐到银行取钱，隔着玻璃亲切地喊：“大姐，取钱。”银行女职员立刻脸色大变。小唐不明其故，又喊：“大姐，取钱！”忽然，只听脑袋“嗡”的一声，小唐被银行保安一棍子打倒在地。原来，大家听到的是“打劫，取钱”，误以为他要抢银行了。

二、调值、调类、调号

（一）调值

调值是音节高低、升降、长短、曲直的具体形式。语音学上普遍采用“五度标记法”来标记调值的高低，即把最高音定为5度，半高音定为4度，中音定为3度，半低音定为2度，低音定为1度。

（二）调类

调类就是声调的种类。普通话有阴平、阳平、上声、去声4种声调，也可以用序数表示，称一声、二声、三声、四声。

声调

1. 阴平调

阴平调的调值为55，如图4-1（a）所示。其特点是声音高而平，大体上没有升降变化，发音时声带始终绷紧，保持高音。

例词：春天、江山、身心、心胸、花开

2. 阳平调

阳平调的调值为35，如图4-1（b）所示。其特点是声音由中音升到高音，发音时声带由不松不紧逐渐绷到最紧。

例词：人民、豪情、昂扬、直达、团结

3. 上（shǎng）声调

上声调的调值为214，如图4-1（c）所示。其特点是声音先降后升，发音时声带从略微紧张开始，先放松，再绷紧。

例词：厂长、总统、理解、美好、领导

4. 去声调

去声调的调值为51，如图4-1（d）所示。其特点是声音由高音降到低音，发音时先将声带绷到最紧，然后逐渐放松，直到声带完全松弛。

例词：创造、秀丽、利益、锻炼、次序

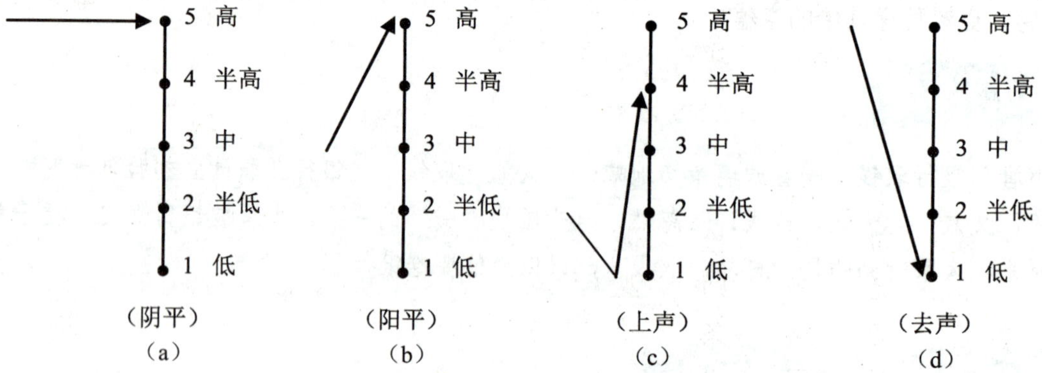

图4-1 声调的调值

（三）调号

调号是调类的标记符号。《汉语拼音方案》所规定的调号为：阴平是“ˉ”，阳平是“ˊ”，上声是“ˇ”，去声是“ˋ”。由于声调的高低变化主要体现在韵腹（即韵母的主要元音）上，所以调号要标在韵腹上。

三、方言声调和普通话声调的区别

说普通话时，要注意读准音节的调值。有些方言区的人在说普通话时，在声调方面存在的问题主要有：阴平的音高不够，阳平调的上升高度不够，上声调的降升不够明显，去声调降得不够快。

还有一些方言区的人常常将声调混读。例如，粤方言区的人常常将阴平和去声混读，如把“四十一”中的“一”读成去声调，听起来就像“四十亿”，一音之别也许会造成难以估量的经济损失。

又如，福建莆仙人说普通话时经常把上声读成阳平，如把“两个（liǎng ge）”读作“liáng ge”。

在学习普通话时，一定要注意方言声调和普通话声调的区别和对应关系，努力发好普通话的阴平、阳平、上声和去声。

第二节　声调训练

一、声调基础训练

分别按横排和竖排顺序读出下列音节：

mā	bā	dā	tī	pō	gē
má	bá	dá	tí	pó	gé
mǎ	bǎ	dǎ	tǐ	pǒ	gě
mà	bà	dà	tì	pò	gè

声调训练 1

二、单音节字声调训练

阴平：	微	均	租	枪	优	街	深	花
	屋	优	呼	师	雕	听	出	酸
阳平：	毫	贤	柴	条	徐	直	神	华
	和	人	同	平	纯	甜	连	图
上声：	满	写	旅	软	朵	稿	审	法
	好	九	武	勇	走	抚	秒	广
去声：	店	换	正	劣	赵	静	慎	画
	万	怕	利	岁	辣	热	去	卖

三、两字词声调训练

1. 阴平+阴平

青春	参加	西安	光辉	军官
春天	攻关	丰收	班车	江山

2. 阳平+阳平

停泊	滑翔	儿童	模型	吉祥

团结　　联合　　循环　　和平　　银行

3. 上声+上声

勇敢　　给以　　苦恼　　理想　　选举
坎坷　　处理　　宝岛　　补给　　腐朽

4. 去声+去声

大厦　　世界　　教育　　破例　　示范
宴会　　利润　　变化　　跨越　　创造

5. 阴平+阳平

坚决　　鲜明　　依然　　支持　　鲜活
光明　　资源　　胸膛　　辉煌　　消除

6. 阴平+上声

批准　　歌舞　　因此　　温暖　　高手
书法　　终点　　商场　　艰苦　　山谷

7. 阴平+去声

希望　　歌颂　　思念　　深刻　　经历
波浪　　悲愤　　穿越　　坚硬　　生命

8. 阳平+阴平

联欢　　革新　　黄昏　　慈悲　　读书
传播　　崇高　　长江　　雄心　　阳光

9. 阳平+上声

描写　　难免　　博览　　情景　　游览
联想　　烦琐　　停止　　宏伟　　即使

10. 阳平+去声

局势　　回忆　　完蛋　　逐渐　　程序
权利　　培育　　灼热　　原谅　　游戏

11. 上声+阴平

打开　　首先　　语音　　老师　　统一
演出　　火车　　北方　　冷风　　垦荒

12. 上声+阳平

朗读　　演员　　迥然　　否决　　主题

感觉	好评	指南	旅游	旅途

13. 上声+去声

抢救	本质	水稻	访问	省略
处分	想念	表现	礼拜	晚会

14. 去声+阴平

象征	贵宾	撞击	汽车	乐观
健康	灌输	信心	贵妃	雇佣

15. 去声+阳平

措辞	会谈	自由	祝福	日食
色泽	顺从	适合	召集	乐园

16. 去声+上声

戏曲	隽永	大海	梦想	壮美
翅膀	絮语	电脑	贷款	窃喜

四、四字词声调训练

1. 同调相连

江山多娇	息息相关	居安思危	卑躬屈膝
和平繁荣	闻名全球	提前完成	儿童文学
有板有眼	稳妥处理	岂有此理	
变幻莫测	意气用事	爱护备至	创造纪录

声调训练 2

2. 四声顺序

千锤百炼	山明水秀	深谋远虑	中流砥柱
风调雨顺	花红柳绿	光明磊落	诸如此类

3. 四声逆序

破釜沉舟	调虎离山	弄巧成拙	万马齐喑
妙手回春	异口同声	逆水行舟	叫苦连天

4. 四声交错

名不虚传	当机立断	鸟语花香	蝇营狗苟
前仆后继	生龙活虎	发愤图强	掩耳盗铃

五、声调对比练习

1. 姓氏辨调

包—鲍	边—卞	福—府	伏—甫
戈—葛	火—霍	余—喻	吴—武
黎—李	王—汪	颜—晏—燕	

2. 对比辨调

劫机—阶级	春节—纯洁	突然—徒然	字母—字幕
松鼠—松树	指使—指示	棘手—寄售	注意—逐一
间接—简洁	征集—整纪	从属—丛书	河山—和善
大学—大雪	画像—滑翔	集合—几何	时节—世界

六、综合训练

1. 朗读八字成语歌

流水不腐，户枢不蠹（dù）。
路见不平，拔刀相助。
无源之水，无本之木。
不经一事，不长一智。
将欲取之，必先与之。
蓬生麻中，不扶自直。
欲加之罪，何患无辞。
持之有故，言之成理。
鞠躬尽瘁，死而后已。
日月经天，江河行地。
食不甘味，卧不安席。
投我以桃，报之以李。
比上不足，比下有余。
大辩若讷（nè），大智若愚。
棋逢对手，将遇良才。
逢山开路，遇水搭桥。
头痛医头，脚痛医脚。
人无远虑，必有近忧。
路不拾遗，夜不闭户。
皮之不存，毛将焉附。
衣不蔽体，食不果腹。
不入虎穴，焉得虎子。
两刃相割，利钝乃知。
前事不忘，后事之师。
差之毫厘，谬以千里。
非我族类，其心必异。
烈士暮年，壮心不已。
庆父不死，鲁难未已。
事不关己，高高挂起。
一波未平，一波又起。
城门失火，殃及池鱼。
呼之即来，挥之即去。
一夫当关，万夫莫开。
茕（qióng）茕孑（jié）立，形影相吊。
人为刀俎，我为鱼肉。
螳螂捕蝉，黄雀在后。

声调训练 3

2. 朗读散文

① 快乐，它是一种富有概括性的生存状态、工作状态。它几乎是先验的，它来自生命本身的活力，来自宇宙、地球和人间的吸引，它是世界的丰富、绚丽、阔大、悠久的体现。快乐还是一种力量，是埋在地下的根脉。消灭一个人的快乐比挖掘掉一棵大树的根要难得多。

——节选自王蒙《喜悦》

② 年少的时候，我们差不多都在为别人而活，为苦口婆心的父母活，为循循善诱的师长活，为许多观念、许多传统的约束力而活。年岁逐增，渐渐挣脱外在的限制与束缚，开始懂得为自己活，照自己的方式做一些自己喜欢的事，不在乎别人的批评意见，不在乎别人的诋毁流言，只在乎那一份随心所欲的舒坦自然。偶尔，也能够纵容自己放浪一下，并且有一种恶作剧的窃喜。

——节选自杏林子《朋友和其他》

3. 朗读古诗词

大江东去，浪淘尽，千古风流人物。故垒西边，人道是，三国周郎赤壁。乱石穿空，惊涛拍岸，卷起千堆雪。江山如画，一时多少豪杰。

遥想公瑾当年，小乔初嫁了（liǎo），雄姿英发（fā）。羽扇纶（guān）巾，谈笑间、樯橹（lǔ）灰飞烟灭。故国神游，多情应笑我，早生华发（fà）。人生如梦，一尊还（huán）酹（lèi）江月。

——北宋·苏轼《念奴娇·赤壁怀古》

第五章

音节——让语音响亮自然

【引言】

音节是语音结构的基本单位，任何词和句都可以分解为一个个的音节来进行朗读。前面的章节介绍了音节的基本概念，本章主要从音节的构成、拼读、拼写等方面进行深入而细致的讲解。

第一节　音节的构成

一、音节的构成要素

按照传统的汉语音节结构分析方法，普通话的音节一般由声母、韵母、声调三个要素构成。其中，韵母又可分为韵头、韵腹和韵尾。因此，音节实际上包含声母、韵头、韵腹、韵尾、声调五个部分，但是有些音节缺少其中的一部分或几部分。普通话音节的结构分析示例如表 5-1 所示。

表 5-1　普通话音节的结构分析示例

例字	读音	构成要素				
		声母	韵头	韵腹	韵尾	声调
桨	jiǎng	j	i	a	ng	上声
衷	zhōng	zh		o	ng	阴平
失	shī	sh		-i（后）		阴平
绝	jué	j	ü	e		阳平
玉	yù			ü		去声
亚	yà		i	a		去声
爱	ài			a	i	去声
娃	wá		u	a		阳平

二、音节各构成要素之间的配合

普通话中，声母、韵母、声调的配合是有一定规律的，并不是所有的声母与韵母都存在拼合关系。例如，声母 b 永远不跟撮口呼韵母 ü、üe、ün、iong 等拼合。

（一）声母和韵母的配合

普通话中，声母和韵母配合的规律性主要表现在不同发音部位的声母和韵母“四呼”（即开口呼、齐齿呼、合口呼和撮口呼）的配合关系上。根据声母的发音部位和韵母“四呼”，可对声母和韵母的配合关系进行归纳，如表 5-2 所示。

表 5-2　声母和韵母的配合关系简表

声母	开口呼	齐齿呼	合口呼	撮口呼
双唇音 b、p、m	有	有	仅限于 u	无
唇齿音 f	有	无	仅限于 u	无
舌尖中音 d、t	有	有	有	无
舌尖中音 n、l	有	有	有	有
舌面后音 g、k、h	有	无	有	无
舌面前音 j、q、x	无	有	无	有
舌尖后音 zh、ch、sh、r	有	无	有	无
舌尖前音 z、c、s	有	无	有	无
零声母	有	有	有	有

（二）声母、韵母和声调的配合

普通话中，每个音节都有一个声调，声调不同，意义也不同。声调使得音节界限分明，具有韵律美。普通话中，声母、韵母和声调的配合呈现出以下特点：

① 以 4 个浊音 m、n、l、r 为声母的阴平字很少，且一般为口语中常用的字，如“妈（mā）”“猫（māo）”“妞（niū）”“拉（lā）”“扔（rēng）”等。

② b、d、g、j、zh、z 这 6 个不送气音声母与鼻韵母相拼组成的字中，基本上没有阳平字，但“咱（zán）”“甭（béng）”等口语字是例外。

第二节　音节的拼读和拼写

一、音节的拼读

（一）拼读的基本要领

音节的拼读是指依据普通话的语音结构规律，把声母和韵母急速、连续地拼读成一个音节。其要领是“前音轻短后音重，两声相连猛一碰”。要读准拼音，需要注意以下几点：

① 声母的发音应轻、短，韵母的发音应响、重。韵母都是由元音或元音加鼻辅音构成的，发音时声带振动，声音一般比较响亮。

② 声母、韵母之间不要有停顿，而要连续发音，即“两音相连猛一碰”。如果音节中间停顿了，

就可能使一个音节被割裂成两个音节。例如，“鼓（gǔ）”是一个音节，如果拼读时声母和韵母中间停顿了，就会被念成“歌舞（gē wǔ）”两个音节。

③ 不能丢失介音。凡是有介音（韵头）的音节，在拼读时必须把介音读准、读清楚，否则会导致音节发生变化。

（二）拼读的方法

拼读的方法主要有以下三个：

① 两拼法。把音节分成声母和韵母两个部分进行拼读，即不管韵母是单韵母还是复韵母，都将其当作一个整体与声母相拼，如 sh—ǎo→shǎo（少），d—uǎn→duǎn（短）。

② 三拼法。把音节分成声母、韵头及韵母的其余部分进行拼读，如 j—i—àn→jiàn（建），n—i—áng→niáng（娘）。

③ 声介合拼法。先将声母和韵头合成一个部分，称为基础音节，然后再将其与韵母的其余部分相拼成音节，如 hu—àn→huàn（换），zhu—āng→zhuāng（装）。这种方法只适用于有韵头的音节。

（三）定调的方法

学生可采用以下几种定调方法拼读音节：

① 音节数调法。无论什么声调的音节，一律先按阴平、阳平、上声、去声的顺序来读，然后再确定所要读的声调。例如：桃 t—ao→tao（tāo táo tǎo tào）—táo。

② 韵母带调法。先确定好韵母的声调，然后用声母跟带声调的韵母相拼，读出音节。这种方法定调较迅速、直接。例如：纯 ch—ún→chún，洁 j—ié→jié。

③ 二次定调法。先把声母、韵母拼成音节形式，然后加上某个声调。例如：康 kang→kāng，平 ping→píng。

在熟悉了拼读方法和定调方法后，就可以采用直呼音节的方法定调了，即直接读出带声调的音节。

二、音节的拼写

（一）y、w 在拼写中的用法

以 i、u、ü 开头的零声母音节，在拼写时通常用 y、w 开头，以标明音节界限。y、w 的具体用法如下：

① i、u 开头的韵母自成音节时，若此韵母只有一个元音，则在此韵母前加 y、w，如 ī→yī（衣），ū→wū（乌）；若此韵母有两个或三个元音，则把第一个字母 i、u 分别改写成 y、w，如 iōng→yōng（拥），uān→wān（弯）。

② ü 开头的韵母自成音节时，应在其前面加 y，同时去掉 ü 上的两点，如 ǘ→yú（鱼），üán→yuán（源）。

（二）拼音的省写

1. ü 上两点的省写

ü 和 ü 开头的韵母（撮口呼）与声母 j、q、x 相拼或自成音节时，ü 上的两点要省略，如“捐（juān）”“躯（qū）”“需（xū）”“劝（quàn）”。

2. iou、uei、uen 的省写

在普通话中，韵母 iou、uei、uen 与多数声母拼合之后（也包括受声调影响），其中的元音 o、e 在不同程度上变得不明显，主要元音（即发音最响亮的元音）移到了 i 或 u 上。所以，如果这些韵母前面有声母，在拼写时应省去元音字母 o、e，如 m—iou→miu，d—uei→dui，ch—uen→chun。

（三）隔音符号的用法

大部分基本音节中，辅音声母和 y、w 都可以看作音节界限的标志。而以 a、o、e 开头的零声母音节，当它们连接在其他音节后面时，为标明音节界限，应在前面加隔音符号“'”，如 pí'ǎo（皮袄），fān'àn（翻案），míng'é（名额）。

（四）字母大写规则

① 汉语人名按姓和名分写，且姓和名的开头字母均应大写；笔名、别名等也应按姓名来处理。

Zhōu Xīngchí（周星驰）　　Mǎ Lì（马莉）

Línghú Chōng（令狐冲）　　Zhāng Sān（张三）

② 姓名应和职务、称呼等分开写，职务、称呼的开头字母要大写。

Tán Xiàozhǎng 谭校长　　Wáng Lǎoshī 王老师

③ “老、小、大、阿”等字用于称呼时，开头的字母要大写。

Lǎo Yú（老余）　　Xiǎo Lǐ（小李）

Dà Niú（大牛）　　A Zhī（阿芝）

④ 已成为专名的称呼要连写，且开头的字母要大写。

Mèngzǐ（孟子）　　Qítiāndàshèng（齐天大圣）

⑤ 汉语地名中的专名和通名分写，每部分的第一个字母要大写。

Chéngdū Shì（成都市）　　Guìzhōu Shěng（贵州省）

Qīngchéng Shān（青城山）　　Póyáng Hú（鄱阳湖）

⑥ 句子、诗行的开头字母都要大写。

Wǒmen yào wēixiào zhe miànduì shēnghuó。（我们要微笑着面对生活。）

⑦ 商标、标牌等可全部大写并省略调号。

CHANGHONG（长虹）　　DEYUCHU（德育处）

（五）移行规则

当本应连写的词语结构写到一行末尾仍未写完时，可以把它拆开，在下行继续写，这叫移行。移行时须将整个音节移转至下行，而不能把一个音节从中间拆开来移行，并在上一行末尾加一个短横线“-”。

例如，“shàngyóu（上游）”移行的正确写法：

“……………………………………shàng-
yóu”

错误写法：

“……………………………………sh-
àngyóu”

第三节　音节训练

由于音节中各个音素所处的前后位置不一样，发音的力度和饱满度也会发生一点变化。声母的发音要稍微用力，使语流中的音节界限清晰。韵母中，韵头的发音要轻而短，发音后快速向韵腹滑动；韵腹的发音要饱满完整，响亮清晰；元音韵尾的发音比较含混，辅音韵尾要注意从元音韵腹向鼻辅音过渡，逐渐增加鼻音色彩，最后发音部位要闭塞。

熟练掌握不同音素在音节和语流中的细微变化，可以使普通话语流趋向准确和清晰。本节将主要针对西南方言区的人在发音时所存在的问题进行强化训练。

一、舌面后音与前鼻韵母 en 相拼训练

音节训练 1

g、k、h 是舌面后音，en 是前鼻韵母，声韵结合的 gen、ken、hen 这三个音节的发音容易往后滑。在读这三个音节时，一定要找准 en 的舌位。发 en 音时舌尖要抵住下齿背，舌尖的隆起部位应该前移，不要受声母的影响而后滑。

1. 读音节

n-en-gen　　n-en-ken　　n-en-hen

gen-ken-hen

2. 读双音节词语

开垦 kāi kěn	仇恨 chóu hèn	中肯 zhòng kěn
脚跟 jiǎo gēn	亘古 gèn gǔ	恳求 kěn qiú

很多 hěn duō　　疤痕 bā hén　　狠心 hěn xīn
饮恨 yǐn hèn

3. 读四字词语

读下列四字词语，注意加着重号的字的读音。

叶落归根（gēn）　　怀恨（hèn）在心　　跟（gēn）踪追击
伤痕（hén）累累　　老牛啃（kěn）青　　大雪无痕（hén）

二、舌尖后音与单韵母 u 相拼训练

西南方言区的人在发单韵母 u 时往往不够标准，主要表现为双唇有摩擦，或舌位比较靠前，唇形不够圆。在纠正时应注意：u 是圆唇韵母中唇形最圆的，在发音时一定要强调唇形；双唇不能有摩擦，舌身应后缩而不是前伸。

舌尖后音 zh、ch、sh、r 作声母与 u 相拼时，应稍微读得有力一点，不要受后面韵母的影响而导致后翘不够。

1. 读音节

u-zhu　　u-chu　　u-shu　　u-ru
zhu-chu-shu-ru

2. 读双音节词语

无助 wú zhù　　屋主 wū zhǔ　　部署 bù shǔ
酷暑 kù shǔ　　古书 gǔ shū　　住处 zhù chù
枯树 kū shù　　读出 dú chū　　苦楚 kǔ chǔ
自主 zì zhǔ　　譬如 pì rú　　书橱 shū chú
秘书 mì shū　　吸入 xī rù　　珍珠 zhēn zhū
专著 zhuān zhù　　好处 hǎo chù　　输出 shū chū
老鼠 lǎo shǔ　　出入 chū rù　　著述 zhù shù
如数 rú shù　　入住 rù zhù　　侏儒 zhū rú

3. 读四字词语

读下列四字词语，注意加着重号的字的读音。

先入为主（zhǔ）　　神出（chū）鬼没　　挣脱束（shù）缚
轻车熟（shú）路　　著书（shū）立说　　含辛茹（rú）苦

4. 朗读诗句

朗读下列诗句，注意加着重号的字的读音。

人生若只如初（rú chū）见，何事秋风悲画扇。等闲变却故人心，却道故人心易变。

——清·纳兰性德《木兰花令》

江南好，风景旧曾谙（ān）。日出（chū）江花红胜火，春来江水绿如（rú）蓝。能不忆江南？

——唐・白居易《忆江南》

移舟泊烟渚（zhǔ），日暮客愁新。野旷天低树（shù），江清月近人。

——唐・孟浩然《宿建德江》

三、舌尖后音与前鼻韵母 en 相拼训练

读 zh、ch、sh、r 时，舌尖前部要抬起并后翘；而读 en 时，舌尖最后要抵住下齿背。这就使得许多人受前面声母的影响，在读 zhen、chen、shen、ren 等音节时，前鼻韵母 en 的发音部位易后滑。反过来，如果过分强调 en 到位，最后舌尖一定要抵住下齿背，又容易导致声母 zh、ch、sh、r 不到位，有的人甚至将其发成了 z、c、s、[z]。这类发音不准确的人可以通过以下练习，尽快掌握正确的发音方法。

音节训练 2

1. 读音节

zhi-zhen　　chi-chen　　shi-shen　　ri-ren

2. 读双音节词语

指针 zhǐ zhēn	市镇 shì zhèn	吃人 chī rén
失真 shī zhēn	湿疹 shī zhěn	政审 zhèng shěn
日神 rì shén	世人 shì rén	置身 zhì shēn
深沉 shēn chén	仁人 rén rén	圣人 shèng rén
婶婶 shěn shen	深圳 shēn zhèn	称身 chèn shēn
真身 zhēn shēn	妊娠 rèn shēn	成真 chéng zhēn
认真 rèn zhēn	证人 zhèng rén	胜任 shèng rèn

3. 读四字词语

读下列四字词语，注意加着重号的字的读音。

杀身成仁（rén）	风尘（chén）仆仆	推陈（chén）出新
海底捞针（zhēn）	生辰（chén）八字	趁（chèn）热打铁

4. 朗读诗句

朗读下列诗句，注意加着重号的字的读音。

不畏浮云遮望眼，自缘身（shēn）在最高层。

——北宋・王安石《登飞来峰》

年年岁岁花相似，岁岁年年人（rén）不同。

——唐・刘希夷《代悲白头翁》

春色三分，二分尘（chén）土，一分流水。

——北宋·苏轼《水龙吟·次韵章质夫杨花词》

四、边音声母 l 与鼻韵母相拼训练

1. 读音节

la-lan-lang	le-leng	li-lin-ling
lia-lian-liang	lu-lun-luan	

2. 读双音节词语

莅临 lì lín	楼兰 lóu lán	流连 liú lián
牢笼 láo lóng	泪腺 lèi xiàn	来临 lái lín
拉拢 lā lǒng	勒令 lè lìng	冷落 lěng luò
连理 lián lǐ	沦落 lún luò	两利 liǎng lì
量力 liàng lì	林立 lín lì	轮流 lún liú
令郎 lìng láng	琳琅 lín láng	零乱 líng luàn

3. 读四字词语

读下列四字词语，注意加着重号的字的读音。

天真烂（làn）漫	君临（lín）天下	评头论（lùn）足
模棱（léng）两可	聪明伶（líng）俐	淋（lín）漓尽致

4. 朗读诗句

朗读下列诗句，注意加着重号的字的读音。

泪眼问花花不语，乱（luàn）红飞过秋千去。

——北宋·欧阳修《蝶恋花》

散入珠帘（lián）湿罗幕，狐裘（qiú）不暖锦衾（qīn）薄（bó）。

——唐·岑参《白雪歌送武判官归京》

烟笼（lǒng）寒水月笼沙，夜泊秦淮近酒家。

——唐·杜牧《泊秦淮》

第六章

音变——充满变化的色彩

【引言】

人们在说话时，不是发出一个个孤立的音节，而需要将音节组成一连串自然的“语流”。在连续发音的过程中，由于相邻音节的相互影响，有些音节的读音发生了一定的变化，这就是语流音变。常见的语流音变现象有变调、轻声、儿化、“啊”的变读等。语流音变是学习普通话的难点之一，掌握和运用普通话语流音变规律，可以使语音自然、和谐。

第一节 变 调

变调是指在多个音节连续发音时，有些音节的声调受相邻音节声调的影响，会发生音高变化。普通话中的变调主要有上声的变调、“一”和“不”的变调。

一、上声的变调

变调

上声调在单个音节发音或在多音节词末尾、句子末尾时，调值不变；而在词语或在句子中间时，调值要发生变化。上声的变调规律主要包括以下几种：

① 两个上声相连，变为阳平（35）+上声（214）。

例词：领导　　了解　　演讲

懒散　　买主　　美好

② 上声+非上声（阴平、阳平、去声、轻声），上声调值变为半上声（211）。

例词：保温　　饼干　　祖国

海洋　　解放　　土地

尾巴　　老婆　　往昔

③ 三个上声相连，前两个上声要变调。分两种情况：

一是前两个字连读时，变为阳平（35）+阳平（35）。

例词：虎骨酒　　考古所　　展览馆

二是后两个字连读时，变为半上声（211）+阳平（35）。

例词：小拇指　　很勇敢　　有理想

为帮助记忆，上声的变调规律可概括为以下口诀：上上连着念，前上变为阳；阴阳去轻前，全上变半上。

二、“一”和“不”的变调

（一）“一”的变调

“一”的原调是阴平，调值是55。它的变调情况包括以下三种：

①“一”+去声，变为阳平（35）+去声。

例词：一块　　一道　　一贯

一岁　　一路　　一处

一向　　　　一样

②“一”+非去声（阴平、阳平、上声、轻声），变为去声（51）+非去声。

例词：一天　　　　一张　　　　一年

一同　　　　一碗

③“一”夹在重叠式动词之间，变为轻声。

例词：看一看　　　　尝一尝　　　　走一走

听一听　　　　想一想　　　　问一问

“一”的变调规律可概括为以下口诀：“一”字本调是阴平，阴阳上前变去声，去声前面变阳平，叠词中间变轻声。

（二）“不”的变调

“不”的原调是去声，调值是51。它的变调情况包括以下两种：

①“不”+去声，变为阳平（35）+去声。

例词：不必　　　　不过　　　　不便

不测　　　　不妙

②“不”夹在词语之间，变为轻声。

例词：去不去　　　　要不要　　　　打不开

走不动

“不”的变调规律可概括为以下口诀：“不”字本调是去声，去声字前读阳平，夹在词中读轻声。

注　意

“一”“不”单独存在或在句末时念原调，如“一（yī）”“统一（tǒng yī）”“不（bù）”“偏不（piān bù）”。

第二节　轻　声

一、什么是轻声

在一连串音节组成的词或句子里，某些音节失去了它原有的声调，被读得又轻又短，这就是轻声。轻声是音节连读时产生的一种变调现象，它不是一个独立的调类。轻声一定出现在词语和句子中，没有独立存在的轻声音节。

二、轻声的语音特性

轻声的语音特性体现在音长和音高两个方面。从音长上看，轻声音节的音长一般比较短；从音高上看，轻声音节失去原有的声调调值，变为轻声音节特有的音高形式。

三、变读轻声的规律

轻声是普通话语音的一个重要特点，也是人们学习普通话的一个难点。要学会一口漂亮的普通话，使其更富有表现力，掌握好轻声是非常重要的。轻声音节一般出现在口语中，大致有以下一些规律：

轻声

① 助词“着、了、过、的、地、得”等读轻声。

例词：坐着　看了　吃过
你的　飞快地跑了　干得好

② 语气词“吗、吧、呢、呀、嘛”等读轻声。

例词：是吗　好吧　他呢
谁呀　说嘛

③ 词缀“子、头、巴、么”等读轻声。

例词：桌子　剪子　馒头
指头　嘴巴　尾巴
怎么　那么

④ 表示方位的词素一般读轻声。

例词：地上　山底下　这边
后面　村子里

⑤ 趋向动词“来、去、上来、下去、起来”等做趋向补语时一般读轻声。

例词：拿来　出去　爬上来
走下去　热起来

⑥ 重叠式名词、动词的第二个音节，ABAB 式动词的第 2 个、第 4 个音节，AABB 式形容词的第 2 个音节，一般读轻声。

例词：爸爸　叔叔　星星
蛐蛐　说说　走走
看看　尝尝　研究研究
讨论讨论　热热闹闹　老老实实

⑦ 部分双音节词的第 2 个音节，按照约定俗成的习惯读轻声。

例词：蛤蟆　蘑菇　葫芦
玻璃　糊涂　唠叨
马虎　哆嗦　先生

事情	规矩	棉花
暖和	朋友	护士

第三节 儿 化

一、儿化概述

（一）什么是儿化

普通话中的儿化现象主要由词尾“儿”变化而来。词尾“儿”本是一个独立的音节，由于在口语中处于轻读的地位，长期与前面的音节连读而产生了音变。“儿”失去了独立性，与它前面的音节结合成一个音节，使这个音节的韵母带上卷舌音色，这种语音现象就是儿化。我们把这种带有卷舌音色的韵母称为“儿化韵”。

注 意

通常情况下，用汉语拼音拼写儿化音节，只需在原来的音节之后加上字母“r”即可，不标语音上的实际变化，如“今儿 jīnr”。但为了便于教学，本教材中儿化音的注音，均为音变后的实际读音，如“今儿 jīer”。

（二）儿化的作用

儿化具有区分词义和词性的作用。有的儿化仅区分词义，例如，“眼”和“眼儿”都是名词，“眼”的意思是眼睛，“眼儿”的意思是小孔。有的儿化既可区分词义，又可区分词性。例如，“画”是动词，表示动作行为，如“画一个苹果”；“画儿”是名词，表示一种物品，如“这儿有一幅画儿”。

儿化还表示细小、轻微的意义，被儿化的事物往往都是比较小的事物，如“乒乓球儿”。另外，儿化还能表达亲切、喜爱之情，如“小家伙儿”。儿化一般在口语和口语化的书面语中用得较多，在比较正式、庄重的场合使用较少。

二、儿化的音变规律

① 韵尾是 a、o、e、u 的音节，儿化时在韵母后直接加一个卷舌动作。

例词：山坡儿 shān pōr　　小猴儿 xiǎo hóur　　台阶儿 tái jiēr

方格儿 fāng gér　　水珠儿 shuǐ zhūr　　小花儿 xiǎo huār

② 韵尾是 i、n（除 in、ün 外）的音节，儿化时去掉韵尾的 i、n，加 r。

例词：小孩儿 xiǎo hár　　书本儿 shū běr　　糖块儿 táng kuàr

作文儿 zuò wér　　土堆儿 tǔ duēr　　长竿儿 cháng gār

③ 韵母是 in、ün 的音节，儿化时去掉韵尾 n，加 er。

例如：脚印儿 jiǎo yìer　　花裙儿 huā qúer　　彩云儿 cǎi yúer

点心儿 diǎn xīer　　合群儿 hé qúer

儿化

④ 韵母是 i、ü 的音节，儿化时加 er。

例如：玩意儿 wán yìer　　眼皮儿 yǎn píer　　小曲儿 xiǎo qǔer

有趣儿 yǒu qùer　　小鸡儿 xiǎo jīer　　金鱼儿 jīn yúer

⑤ 韵母是 -i（前）、-i（后）的音节，儿化时去掉-i，加 er。

例如：大事儿 dà shèr　　果汁儿 guǒ zhēr　　瓜子儿 guā zěr

树枝儿 shù zhēr　　写字儿 xiě zèr

⑥ 韵尾是 ng（除 ing 外）的音节，儿化时去掉韵尾的 ng，加 r，韵母发鼻音并卷舌。

例如：蛋黄儿 dàn huár　　药方儿 yào fār　　天窗儿 tiān chuār

信封儿 xìn fēr　　小王儿 xiǎo wár

⑦ 韵母是 ing 的音节，去掉韵尾的 ng，加 er，韵母发鼻音并卷舌。

例如：水瓶儿 shuǐ píer　　电影儿 diàn yǐer　　打鸣儿 dǎ míer

打铃儿 dǎ líer　　手柄儿 shǒu bǐer　　头领儿 tóu lǐer

第四节　“啊”的变读

一、叹词“啊”

叹词“啊”的基本读音是“a”，但随着表达的感情不同，发出的声调也不同，主要包括以下几种情况：

① 啊（ā）——表示惊异或赞叹。

例如：啊（ā），花开啦！

啊（ā），峨眉日出真是美不胜收呀！

② 啊（á）——表示追问或难以相信。

例如：啊（á）？你说呀，你跑哪儿去了？

啊（á）？这真是他干的？

“啊”的音变

③ 啊（ǎ）——表示惊疑。

例如：啊（ǎ）？现在怎么处理呢？

④ 啊（à）——表示应诺、认可、明白过来了，或表示较强烈的惊异和赞叹。

例如：啊（à），我是小张，请问你是谁呀？

啊（à，音较长），是你呀！这么久没见着你，我还以为你出差了呢。

啊（à，音较长），长江——我们的母亲河！

二、语气词“啊”

在语流中，语气词“啊”的音变受它前面音节末尾音素的影响而有所不同，但是这种音变有一定的规律。

① 当“啊”前面音节的末尾音素是 a、e、i、ü 或 o（不包括 ao、iao）时，“啊”发“ya”的音，相当于“呀”。

例如：看戏啊（呀）kàn xì ya　　真大啊（呀）zhēn dà ya

树叶啊（呀）shù yè ya　　快刷啊（呀）kuài shuā ya

吃鱼啊（呀）chī yú ya　　烤火啊（呀）kǎo huǒ ya

② 当“啊”前面音节的末尾音素是 u、ao 或 iao 时，“啊”发“wa”的音，相当于“哇”。

例如：好高啊（哇）hǎo gāo wa　　真苦啊（哇）zhēn kǔ wa

买药啊（哇）mǎi yào wa　　喝酒啊（哇）hē jiǔ wa

③ 当“啊”前面音节的末尾音素是 n 时，“啊”发“na”的音，相当于“哪”。

例如：亲人啊（哪）qīn rén na　　够狠啊（哪）gòu hěn na

当心啊（哪）dāng xīn na　　太紧啊（哪）tài jǐn na

老天啊（哪）lǎo tiān na　　真俊啊（哪）zhēn jùn na

④ 当“啊”前面音节的末尾音素是 ng 时，“啊”发“nga”的音。

例如：快唱啊 kuài chàng nga　　这样啊 zhè yang nga

老王啊 lǎo wáng nga　　真冷啊 zhēn lěng nga

不行啊 bù xíng nga　　渔翁啊 yú wēng nga

⑤ 当“啊”前面音节的末尾音素是 er 或前面音节的韵母是-i（后）时，“啊”发“ra”的音。

例如：女儿啊 nǚ ér ra　　老师啊 lǎo shī ra

喜事啊 xǐ shì ra　　难吃啊 nán chī ra

报纸啊 bào zhǐ ra　　树枝啊 shù zhī ra

⑥ 当“啊”前面音节的韵母是-i（前）时，“啊”发“za”的音。

例如：下次啊 xài cì za　　写字啊 xěi zì za

公司啊 gōng sī za　　骗子啊 piàn zi za

告辞啊 gào cí za　　有刺啊 yǒu cì za

第五节　普通话音变训练

一、变调训练

（一）上声变调训练

1. 词语练习

组织（zǔ zhī）　小心（xiǎo xīn）　隐瞒（yǐn mán）
敏捷（mǐn jié）　挑逗（tiǎo dòu）　老实（lǎo shi）
举止（jǔ zhǐ）　保险（bǎo xiǎn）　影响（yǐng xiǎng）
也许（yě xǔ）　感慨（gǎn kǎi）　美好（měi hǎo）
手写体（shǒu xiě tǐ）　洗脸水（xǐ liǎn shuǐ）　老保守（lǎo bǎo shǒu）
厂党委（chǎng dǎng wěi）

变调训练

2. 朗读片段

① 这使我们都很惊奇，这又怪又丑的石头，原来是天上的啊！它补过天，在天上发过热、闪过光，我们的先祖或许仰望过它，它给了他们光明、向往、憧憬；而它落下来了，在污土里，荒草里，一躺就是几百年了！

——节选自贾平凹《丑石》

② 其实你在很久以前并不喜欢牡丹，因为它总被人作为富贵膜拜。后来你目睹了一次牡丹的落花，你相信所有的人都会为之感动：一阵清风徐来，娇艳鲜嫩的盛期牡丹忽然整朵整朵地坠落，铺撒一地绚丽的花瓣。那花瓣落地时依然鲜艳夺目，如同一只奉上祭坛的大鸟脱落的羽毛，低吟着壮烈的悲歌离去。

——节选自张抗抗《牡丹的拒绝》

（二）“一”的变调训练

以下“一”字标的是变读后的音调。

1. “一”+去声→阳平+去声

一块 yí kuài　一道 yí dào　一贯 yí guàn
一岁　yí suì　一路 yí lù　一处 yí chù

一向 yí xiàng　　一样 yí yàng

2. “一”+非去声→去声+非去声

一番 yì fān　　一生 yì shēng　　一端 yì duān
一元 yì yuán　　一头 yì tóu　　一群 yì qún
一两 yì liǎng　　一桶 yì tǒng　　一举 yì jǔ

3. “一”夹在重叠式动词中间，变读为轻声

读一读 dú yi dú　　看一看 kàn yi kàn　　拉一拉 lā yi lā
数一数 shǔ yi shǔ

4. 朗读小故事

有一（yí）对新婚夫妇，两人相约，婚后一（yí）定要力行节约，不能乱花钱。

有一（yì）天，先生下班后，跟在公共汽车后面一（yí）路跑回家，跑得上气不接下气。

“亲爱的，我今天省了两块钱，因为我没有花钱搭公共汽车，而是跟在公共汽车后面跑回来的，省钱又健身。怎么样？很棒吧！”

“你呀，笨死了！才省两块钱，你就这么高兴啊？”太太很不高兴地训斥起来，“你怎么不跟在一（yí）辆出租车后面跑回来，这样至少可以省几十块钱的车费了！”

（三）“不”的变调训练

以下“不”字标的是变读后的音调。

1. “不”+去声→阳平+去声

不会 bú huì　　不是 bú shì　　不必 bú bì
不在 bú zài　　不够 bú gòu　　不见 bú jiàn

2. “不”夹在词语中间，变读为轻声

去不去 qù bu qù　　吃不了 chī bu liǎo　　亮不亮 liàng bu liàng

3. 朗读小故事

一个妄想自己是老鼠的男人，终于获准可以从精神病院出院了。可是，他竟在医院出口处呆立不（bú）动，不（bù）敢出去。医生觉得奇怪，问其理由。

“因为那边有猫。”

“但你不（bú）是已经知道你不（bú）是老鼠了吗？”

“确实不（bú）错，但猫可能不（bù）知道呀！”

二、轻声训练

1. 有规律的轻声词训练

看着（zhe）	跑了（le）	好吧（ba）
来过（guo）	偷偷地（de）	馒头（tou）
我们（men）	房子（zi）	床上（shang）
屋里（li）	底下（xia）	过来（lai）
出去（qu）	打开（kai）	好起来（lai）
星星（xing）	要不（bu）要	试一（yi）试
罐头（tou）	里头（tou）	链子（zi）
南边（bian）	傻子（zi）	影子（zi）
石头（tou）	咱们（men）	

轻声训练

2. 约定俗成的轻声词训练

爱人 ài ren	包袱 bāo fu	胳膊 gē bo
疙瘩 gē da	工夫 gōng fu	姑娘 gū niang
故事 gù shi	棺材 guān cai	明白 míng bai
规矩 guī ju	闺女 guī nü	含糊 hán hu
核桃 hé tao	合同 hé tong	狐狸 hú li
葫芦 hú lu	力气 lì qi	伙计 huǒ ji
机灵 jī ling	家伙 jiā huo	见识 jiàn shi
街坊 jiē fang	结实 jiē shi	戒指 jiè zhi
精神 jīng shen	客气 kè qi	快活 kuài huo
困难 kùn nan	喇叭 lǎ ba	篱笆 lí ba
老婆 lǎo po	老实 lǎo shi	老爷 lǎo ye
凉快 liáng kuai	粮食 liáng shi	了不起 liǎo bu qǐ
啰嗦 luō suo	萝卜 luó bo	骆驼 luò tuo
麻烦 má fan	马虎 mǎ hu	买卖 mǎi mai
名堂 míng tang	名字 míng zi	模糊 mó hu
脑袋 nǎo dai	闹笑话 nào xiào hua	主意 zhǔ yi
暖和 nuǎn huo	盘算 pán suan	朋友 péng you
脾气 pí qi	便宜 pián yi	葡萄 pú tao
漂亮 piào liang	亲戚 qīn qi	清楚 qīng chu
热闹 rè nao	人家 rén jia	认识 rèn shi
棉花 mián hua	算盘 suàn pan	商量 shāng liang
牲口 shēng kou	生意 shēng yi	师傅 shī fu
应酬 yìng chou	实在 shí zai	时候 shí hou

收拾 shōu shi	舒服 shū fu	岁数 suì shu
踏实 tā shi	态度 tài du	体面 tǐ mian
跳蚤 tiào zao	痛快 tòng kuai	委屈 wěi qu
喜欢 xǐ huan	吓唬 xià hu	先生 xiān sheng
相声 xiàng sheng	消息 xiāo xi	笑话 xiào hua
兄弟 xiōng di	休息 xiū xi	絮叨 xù dao
学生 xué sheng	衙门 yá men	哑巴 yǎ ba
胭脂 yān zhi	烟筒 yān tong	眼睛 yǎn jing
秧歌 yāng ge	养活 yǎng huo	吆喝 yāo he
妖精 yāo jing	衣服 yī fu	意思 yì si
运气 yùn qi	在乎 zài hu	冤枉 yuān wang
扎实 zhā shi	招呼 zhāo hu	折腾 zhē teng
指甲 zhǐ jia	嘱咐 zhǔ fu	大爷 dà ye

3. 读绕口令

读下列绕口令，注意加着重号的字的读音。

① 一二三，三二一，一二三四五六七。七种果子摆七样，苹果、桃儿、石榴、柿子、李子、栗子和梨。

② 毛毛和涛涛，赛跑又跳高。毛毛跳不过涛涛，涛涛跑不过毛毛。毛毛起得早，教涛涛练习跑；涛涛起得早，教毛毛跳高。毛毛跳高跳过了涛涛，涛涛跑步跑过了毛毛。

4. 朗读片段

朗读下列片段，注意加着重号的字的读音。

① 燕子去了，有再来的时候；杨柳枯了，有再青的时候；桃花谢了，有再开的时候。但是，聪明的，你告诉我，我们的日子为什么一去不复返呢？——是有人偷了他们罢：那是谁？又藏在何处呢？是他们自己逃走了罢：现在又到了哪里呢？

——节选自朱自清《匆匆》

② 这女人编着席。不久在她的身子下面，就编成了一大片。她像坐在一片洁白的雪地上，也像坐在一片洁白的云彩上。她有时望望淀里，淀里也是一片银白世界。水面笼起一层薄薄透明的雾，风吹过来，带着新鲜的荷叶荷花香。但是大门还没关，丈夫还没回来。

——节选自孙犁《荷花淀》

三、儿化训练

1. 常用儿化词训练

儿化训练 1

请朗读下列常用儿化词（“一”标的是变读后的音调）。

包干儿 bāo gār	冰棍儿 bīng gùr	差点儿 chà diǎr

大伙儿 dà huǒr	带儿 dàr	兜儿 dōur
干活儿 gàn huór	个儿 gèr	光棍儿 guāng gùr
好玩儿 hǎo wár	画儿 huàr	活儿 huór
空儿 kòr	老头儿 lǎo tóur	聊天儿 liáo tiār
没事儿 méi shèr	面条儿 miàn tiáor	墨水儿 mò shuěr
纳闷儿 nà mèr	闹着玩儿 nào zhe wár	年头儿 nián tóur
玩儿 wár	玩意儿 wán yìer	馅儿 xiàr
小孩儿 xiǎo hár	心眼儿 xīn yǎr	烟卷儿 yān juǎr
一个劲儿 yí gè jìer	一会儿 yí huèr	一块儿 yí kuàr
一点儿 yì diǎr	有点儿 yǒu diǎr	这会儿 zhè huèr
座儿 zuòr	挨个儿āi gèr	拔尖儿 bá jiār
白班儿 bái bār	白醭儿 bái búr	白干儿 bái gār
摆摊儿 bǎi tār	败家子儿 bài jiā zěr	板擦儿 bǎn cār
饱嗝儿 bǎo gér	爆肚儿 bào dǔr	被窝儿 bèi wōr
奔头儿 bèn tour	鼻梁儿 bí liár	病号儿 bìng hàor
不得劲儿 bù dé jìer	岔道儿 chà dàor	唱片儿 chàng piār
出圈儿 chū quār	串门儿 chuàn mér	搭茬儿 dā chár
打盹儿 dǎ dǔr	打嗝儿 dǎ gér	打鸣儿 dǎ míer
打杂儿 dǎ zár	单弦儿 dān xiár	旦角儿 dàn juér
刀把儿 dāo bàr	刀片儿 dāo piàr	调门儿 diào mér
顶牛儿 dǐng niúr	顶事儿 dǐng shèr	豆腐干儿 dòu fu gār
豆腐脑儿 dòu fu nǎor	豆角儿 dòu jiǎor	豆芽儿 dòu yár
个头儿 gè tóur	够本儿 gòu běr	够劲儿 gòu jìer
蝈蝈儿 guō guor	锅贴儿 guō tiēr	开刃儿 kāi rèr
口哨儿 kǒu shàor	裤衩儿 kù chǎr	裤兜儿 kù dōur
快板儿 kuài bǎr	愣神儿 lèng shér	脸蛋儿 liǎn dàr
哪会儿 nǎ huèr	哪儿 nǎr	纳闷儿 nà mèr
那会儿 nà huèr	那么点儿 nà me diǎr	那儿 nàr
脑儿 nǎor	泥胎儿 ní tār	栅栏儿（zhà lar）
捻捻转儿 niǎn nian zhuàr	鸟儿 niǎor	藕节儿 ǒu jiér
一盘儿菜 yì pár cài	胖墩儿 pàng dūer	刨根儿 páo gēr
跑腿儿 pǎo tuěr	皮板儿 pí bǎr	片儿会 piàr huì
片儿汤 piàr tāng	铺盖卷儿 pū gài juǎr	蒲墩儿 pú dūer
起名儿 qǐ míer	枪子儿 qiāng zěr	巧劲儿 qiǎo jìer
球儿 qiúr	蛐蛐儿 qū quer	绕远儿 rào yuǎr
人儿 rér	人影儿 rén yǐer	人缘儿 rén yuár
嗓门儿 sǎng mér	傻劲儿 shǎ jìer	扇面儿 shàn miàr
上座儿 shàng zuòr	收摊儿 shōu tār	树阴凉儿 shù yīn liár

耍心眼儿 shuǎ xīn yǎr	死扣儿 sǐ kòur	死心眼儿 sǐ xīn yǎr
送信儿 sòng xìer	蒜瓣儿 suàn bàr	碎步儿 suì bùr
屉儿 tìer	铜子儿 tóng zěr	头头儿 tóu tour
透亮儿 tòu liàr	兔儿爷 tùr yé	玩儿命 wár mìng
围脖儿 wéi bór	围嘴儿 wéi zuěr	下本儿 xià běr
馅儿饼 xiàr bǐng	线轴儿 xiàn zhóur	响儿 xiǎr
相片儿 xiàng piār	小辫儿 xiǎo biàr	小曲儿 xiǎo qǔer
小心眼儿 xiǎo xīn yǎr	邪门儿 xié mér	行李卷儿 xíng li juǎr
鸭儿梨 yār lí	烟嘴儿 yān zuěr	沿边儿 yán biār
腰板儿 yāo bǎr	咬字儿 yǎo zèr	爷们儿 yé mer
一丁点儿 yì dīng diǎr	开春儿 kāi chūer	一股劲儿 yì gǔ jìer
一股脑儿 yì gǔ nǎor	一溜儿 yí lìur	一顺儿 yí shùer
音儿 yīer	影片儿 yǐng piār	有门儿 yǒu mér
早早儿 zǎo zǎor	掌勺儿 zhǎng sháor	找茬儿 zhǎo chár
照面儿 zhào miàr	照片儿 zhào piār	这儿 zhèr
中不溜儿 zhōng bu liūr	中间儿 zhōng jiàr	抓阄儿 zhuā jiūr
爪儿 zhuǎr	准儿 zhǔer	走道儿 zǒu dàor
走调儿 zǒu diàor	走味儿 zǒu wèr	做活儿 zuò huór

2. 绕口令训练

① 进了门儿，倒杯水儿，喝了两口运运气儿。顺手拿起小唱本儿，唱一曲儿，又一曲儿，练完了嗓子我练嘴皮儿。绕口令儿，练字音儿，还有单弦儿牌子曲儿。小快板儿，大鼓词儿，又说又唱我真带劲儿！

② 有个小孩儿叫小兰儿，挑着水桶上庙台儿，摔了跟头儿拣了个钱儿，又打醋，又买盐儿，还买了一个小饭碗儿。小饭碗儿，真好玩儿，红花儿绿叶儿镶金边儿，中间儿有个小红点儿。

儿化训练 2

3. 朗读片段

请朗读下列片段（“一”和“不”标的是变读后的音调）。

最妙的是下点儿小雪呀。看吧，山上的矮松越发的青黑，树尖儿（jiār）上顶着一髻儿（yí jìer）白花，好像日本看护妇（kān hù fù）。山尖儿全白了，给蓝天镶上一道银边。山坡上，有的地方雪厚点儿，有的地方草色还露着（lòu zhe）；这样，一道儿白，一道儿暗黄，给山们穿上一件带水纹儿的花衣；看着看着，这件花衣好像被风儿（fēng'ér）吹动，叫你希望看见一点儿更美的山的肌肤。等到快日落的时候，微黄的阳光斜射在山腰上，那点儿薄（báo）雪好像忽然害羞，微微露出点儿粉色。就是下小雪吧，济南是受不住（shòu bu zhù）大雪的，那些小山太秀气（xiù qi）。

——节选自老舍《济南的冬天》

4. 朗读小故事

猴吃西瓜

猴儿王找到个大西瓜。可是怎么吃呢？这个猴儿啊是从来也没吃过西瓜。忽然，他想出一条妙计，于是就把所有的猴儿都召集来了，对大家说："今天我找到一个大西瓜，这个西瓜的吃法嘛，我是全知道的，不过我要考验一下你们的智慧，看你们谁能说出西瓜的吃法。要是说对了，我可以多赏他一份儿；要是说错了，我可要惩罚他！"

小毛猴儿一听，搔了搔腮说："我知道，吃西瓜是吃瓤儿！"猴儿王刚想同意，"不对，我不同意小毛猴儿的意见！"一只短尾巴猴儿说，"我清清楚楚地记得，我和我爸爸到我姑妈家去的时候，吃过甜瓜，吃甜瓜是吃皮儿。我想西瓜是瓜，甜瓜也是瓜，当然该吃皮儿啦！"大家一听，有道理，可到底谁对呢？于是都不由地把眼光集中到一只老猴儿身上，老猴儿一看，觉得出头露面的机会来了，就清了清嗓子说道："吃西瓜嘛，当然……是吃皮儿啦，我从小就吃西瓜，而且一直是吃皮儿，我想我之所以老而不死，也正是吃西瓜皮儿的缘故！"

有些猴儿早等急了，一听老猴儿也这么说，就跟着嚷起来，"对，吃西瓜吃皮儿！""吃西瓜吃皮儿！"猴儿王一看，认为已经找到了正确的答案，就向前跨了一步，开言道："对！大家说的都对，吃西瓜是吃皮儿！哼，就小毛猴儿崽子说吃西瓜是吃瓤儿，那就叫他自己吃，咱们大家都吃西瓜皮儿！"于是西瓜一切两半，小毛猴儿吃瓤儿，大家伙儿共分西瓜皮儿。

有个猴儿吃了两口，就捅了捅旁边的猴儿说："哎，我说，这可不是滋味儿啊！"

"咳——老弟，我常吃西瓜，西瓜嘛，就这味儿……"

四、"啊"的音变训练

读下列句子，注意"啊"的音变。

"啊"的音变训练

① 这又怪又丑的石头，原来是天上的啊！

② 然而，火光啊……毕竟……毕竟就在前头！

③ 我仰望一碧蓝天，心底轻声呼唤：家乡的桥啊，我梦中的桥！

④ 清晨，当第一束阳光射进舷窗时，它便敞开美丽的歌喉，唱啊唱，嘤嘤有韵，宛如春水淙淙。

⑤ 是啊，我们有自己的祖国，小鸟也有它的归宿，人和动物都是一样啊，哪儿也不如故乡好！

⑥ 人生会有多少个第一次啊！

⑦ 推开门一看，嗬！好大的雪啊！

⑧ 大约潭是很深的，故能蕴蓄着这样奇异的绿；仿佛蔚蓝的天融了一块在里面似的，这才这般的鲜润啊。

⑨ 我想张开两臂抱住她，但这是怎样一个妄想啊。

⑩ 在它看来，狗该是多么庞大的怪物啊！

第七章

朗读——声情并茂的艺术

【引言】

普通话的学习是一个复杂的过程，而朗读在普通话学习中起着至关重要的作用。通过朗读，学生不仅能掌握正确的语音、语调，而且还能提高语言表达能力。朗读并不是像背书似的将每个字词按照读音念出来，而是要注意句子的抑扬顿挫，语流中的轻重、长短、快慢等，这就要求掌握一定的朗读技巧。

第一节　朗读的技巧

朗读是将无声的书面语言艺术地转化为有声语言的表达形式。简而言之，就是把文章清晰、准确、有感情地读出来。为了将内容准确、生动、形象地传达给听众，加深听众对内容的理解，以达到情感上的共鸣，朗读者需要掌握语调、重音、停连和节奏等朗读技巧。

一、语调

语调是语音的高低升降变化趋势，具有明显的感情色彩，是整个语句甚至是语段的起伏变化，主要表现在句尾上。将语调与停顿、重音等结合起来运用，可以使朗读具有节奏感。

语调一般分为平调、升调、降调和曲调。

（一）平调

平调的特点是语调平稳舒缓，没有明显的升降变化，一般用于不带特殊感情的陈述和说明，还可表示悲痛、冷淡等情感。例如：

① 今天必须有一个人和我一块儿把书取来。

② 我想，这就是人们为什么把及时的大雪称为“瑞雪”的道理吧。

（二）升调

升调的特点是语调呈渐升趋势，句尾音强且向上扬。一般用于疑问句、反问句等，还可用于表示惊讶、激动、愤怒等情感。例如：

① 走啊！走啊！越过大雪山，就是胜利！

② 询问者感到困惑：“怎么会都对呢？”

（三）降调

降调的特点是语调呈逐渐降低趋势，尾音降低。一般用于陈述句、感叹句、祈使句，表示坚决、赞美、祝福、请求等情感。例如：

① 一种强大的力量使老麻雀飞了下来。

② 他翻遍了整块土地，但连一丁点金子都没看见。

（四）曲调

曲调的特点是语调高低起伏无规律地变化，即不是单纯的上升或下降，中间有变化，一般用于表示讽刺、幽默、怀疑、不满、惊讶等情感的句子中。例如：

① 这是一块不小的石头，一块道貌岸然的石头。

② 巡捕传说："只一个字——贪。"

二、重音

朗读时，为了更好地表达情感，人们往往会重读一些词或词组，这些重读的部分称为重音。重音是增强作品艺术感染力的重要手段之一，是以语意和情感表达为依据来确定的。重音分为语法重音和强调重音两种，用"."表示。

（一）语法重音

语法重音是根据语法结构来决定的重音，一般没有特殊的感情色彩。语法重音的位置比较固定，常见的规律有如下几种：

① 主谓间的谓语读得较重。例如：他走了。

② 多数句子的状语、定语和补语都读得稍重。例如：今天，真是把他累坏了。

③ 疑问代词、指示代词一般重读。例如：什么是理想？

（二）强调重音

强调重音是指为了表示某种特殊感情和强调某种特殊意义而重读的音，目的在于引起听者注意自己所强调的内容。强调重音的使用并没有固定的规律，应结合特定的语言环境加以确定。如下面这几组例句，只有读出强调重音，才能准确表达每句话的意思。但同时要注意重读音节不能念得过分突兀，或者怪声怪气，以免分散听者的注意力。

① 每次我打电话回家……（不是别人打的电话）
　每次我打电话回家……（不是偶尔）
　每次我打电话回家……（不是干别的）

② 山朗润起来了，水涨起来了，太阳的脸红起来了。（为表达对春天到来的欣喜，在朗读时应注意感情色彩的逐渐推进。）

③ 那时，我对自己遗憾得要命，对丽娜羡慕得要命。（对比强调）

④ 让暴风雨来得更猛烈些吧！（充满大无畏的斗争精神）

三、停连

停连是指朗读时声音的停顿和延续，停连既是体会作品内容、表达情感的需要，也是朗读者生理上换气的需要。较好地运用声音的暂时中断和连接，可以更清楚地把作品的思想内容传达给听者。常见的停连有以下几种。

（一）落停

落停多用在一个相对完整的意思表达之后，句末语气应沉稳，声音下落。例如，下列句子的句末就可以采用落停：

① “吹面不寒杨柳风”，不错的，像母亲的手抚摸着你。

② 这时候，光亮的不仅是太阳、云和海水，连我自己也成了光亮的了。

（二）扬停

扬停一般用在句中无标点符号或意思尚未说完而又需要停顿的地方。扬停的前后，词语要平稳滑动，气息贯通。扬停时间相对较短，停之前声音稍上扬或持平，声虽止但气息未尽，一听便知还有下文。下列句子中用符号“|”标示出的地方，应当用扬停：

① 花生做的食品|都吃完了，父亲的话|却深深地印在我的心上。

② 人类给它以生命，它毫不吝啬地|把自己的艺术青春奉献给了哺育它的人。

（三）直连

直连多用于虽有标点符号但前后内容联系紧密、持续抒发情感的地方。下列句子中用符号“‿”标出的地方，可用直连：

① 三百六十行，‿行行出状元。关键还在于，‿怎样按照你的实际，为社会、‿为人类多做贡献，从而在这个世界上找到自己的一片绿洲，‿一片天空。

② 因为那些遗骨啦，‿阵亡的通知啦，全是靠不住的，靠得住的只有这位大人。假如这位大人还健在的话，‿我儿子也会活着的；如果这位大人去世了，‿那么我的儿子也就死了。

（四）曲连

曲连的位置在短促的句子间需要连接又需要区分的地方。处理时应找准“连点”，从一个词语尾音滑向另一个词语的开头，不换气，气息相连。短促分句间的逗号和连续的顿号是曲连最典型的“连点”。下列句子中用符号“‿”标出的地方，可用曲连：

① 春天像小姑娘，花枝招展的，‿笑着，‿走着。

② 燕子去了，‿有再来的时候；杨柳枯了，‿有再青的时候；桃花谢了，‿有再开的时候。

四、节奏

受作品基调和思想内容的制约，朗读作品时应注意节奏的抑扬顿挫、轻重缓急。恰当地把握朗读的节奏，既能体现有声语言的美感，又能形象地表达作品的意境。常见的节奏类型大体有以下几种。

（一）轻快型

轻快型节奏的特点是语速较快，多轻少重，多扬少抑，语节少而词的密度大，语气转换显得轻快。这种节奏多用于表示欢快、欣慰、诙谐的句子。例如：

我爱看天上的一片云，那片白白的、会变的云。瞧它一会儿变成只小黄狗，摇着尾巴，追着太阳跑；一会儿变成只小灰羊，在草原上撒欢儿跳高。

（二）凝重型

凝重型节奏的特点是语势平稳、凝重，多抑少扬，多重少轻，音强而有力，词语密度疏。这种节奏常用来表现严肃、肃穆的气氛和悲痛、抑郁的情感。例如：

灵车队，万众心相随。哭别总理心欲碎，八亿神州泪纷飞。红旗低垂，新华门前洒满泪。日理万机的总理啊，您今晚几时回？

（三）低沉型

低沉型节奏的特点是语势沉缓，语调多抑，音节较长，声音偏暗，句尾落点大多显得沉重。这种节奏多用于表达悲哀的心情。例如：

人们心情沉痛，目光随着灵车移动。好像有谁在无声地指挥，老人、青年、小孩，都不约而同地站直了身体，摘下帽子，眼睁睁地望着灵车，哭泣着，顾不上擦去腮边的泪水。

（四）高亢型

高亢型节奏的特点是语势高扬，势不可遏，多重少轻，语速较快。这种节奏多用于表达振奋、狂喜、激动等情感。例如：

在苍茫的大海上，狂风卷集着乌云。在乌云和大海之间，海燕像黑色的闪电，高傲地飞翔。一会儿翅膀碰着波浪，一会儿箭一般地直冲向乌云，它叫喊着，就在这勇敢的叫喊声里，乌云听出了欢乐。

（五）舒缓型

舒缓型节奏的特点是语势较平稳，多扬少抑，语速较缓，声音较高，轻柔而不着力。这种节奏多用于表示惬意、舒心的情感，也可以表现舒展的情怀。例如：

大海上一片静寂。在我们的脚下，波浪轻轻吻着岩石。像朦朦胧胧欲睡似的。在平静的深暗的海面上，月光劈开了一款狭长的明亮的云汀，闪闪地颤动着，银鳞一般。

（六）紧张型

紧张型节奏的特点是多连少停，多重少轻，多扬少抑，音短气急促。这种节奏多用于表达紧张、急迫、焦急、恐惧的情感。例如：

在这千钧一发的时刻，传来了团长和政委的喊声：“同志们！为了党的事业，为了最后的胜利，冲呀！”

第二节　朗读的要求

一、用规范的普通话语音朗读

朗读和说话不同，它除了要求朗读者忠于作品原貌，不添字、漏字、改字外，还要求朗读者在声母、韵母、声调、轻声、儿化、音变及语句的表达方式等方面都尽量做到符合普通话语音的规范。具体来说，朗读者应注意以下几个方面。

（一）注意音节完整、准确

应把每个字的音都发完整、准确，具体要求如下：

① 字头要咬字清晰，发音部位要准确。

② 字腹要饱满、圆润。注意元音舌位的高低、前后，嘴唇的圆展。

③ 字尾要注意归音。例如，以 ao、ou、iu 等元音收尾的音节，要注意圆唇度；以 n、ng 收尾的音节要注意“关门”，即归音到这两个辅音成阻的部位上去。

④ 音节要有适度的音长。要达到这一要求，一是要保持声母、韵母的完整性；二是要保证声调具有一定的时长和滑动感。

（二）注意音变的发音规范

1. 轻声词的发音

轻声音要规范，要注意轻声音节的音高是随相邻前一音节的声调变化的。轻声词语范围的确定要依靠自己勤加学习，因为除本书中列出的一些有规律可循的轻声词外，普通话里还有相当一部分无规律的轻声词，常见的有：葡萄、东西、丈夫、先生、动静、胳膊、稀罕、风筝、钥匙、客气等。朗读者可以通过查工具书，听电视、广播等，多记多背。

2. 儿化音的发音

要正确判断儿化词，掌握儿化音的准确发音。某些没有明确标出“儿尾”，但表示喜爱、温和、委婉等情感的词，一般也可以读作儿化韵，如“好玩儿”“山歌儿”“贴心的话儿”等。

（三）注意普通话和方言在语音上的差异

普通话和方言在语音上的差异，大多数情况下是有规律的。但这种规律之中往往又包含一些例外，需要靠自己去总结。当然，单是总结还不够，要多查字典和词典，加强记忆，反复练习。在练习中，要注意普通话和方言在声韵调方面的差异。

（四）注意多音字的读音

一字多音是导致误读的重要原因之一，必须多加注意。可以将多音字分两类去学习。第一类是意义不同的多音字，对于这类多音字，要着重弄清它各个不同的意义，从而记住不同的读音；第二类是意义相同的多音字，通常这类多音字的一个音使用范围广，一个音使用范围很有限，朗读者一般只要记住“有限”的就行。

（五）注意由字形相近或偏旁类推引起的误读

由于字形相近而误读的现象十分常见。由偏旁本身的读音或者偏旁组成的较常用字的读音，去类推一个生字的读音而引起的误读，也很常见。所谓“秀才认字读半边”，就是指的这种误读。因而，朗读者在朗读的过程中，对于不认识或读音拿不准的字，一定要多查字典和词典，并加强对字词读音的记忆。

二、把握作品基调并正确使用朗读技巧

作品基调是指作品的基本情调，即作品总的情感态度、色彩和分量。作品基调是一个整体概念，是层次、段落、语句中具体思想感情的综合表露，朗读作品必须把握住作品的基调。要把握好作品的基调，朗读者必须深入分析、理解作品的思想内容。不同体裁的文章，语言风格不同，表达内容不同，情感的表达方式不同，基调也就不同。

生活语言是朗读语言的艺术来源，朗读语言是丰富多彩的生活语言的艺术再现，朗读技巧的处理不能违背生活的真实性。朗读要以情动人、真实感人，真切自然的朗读才能打动人心。朗读是朗读者对作品的再创造过程，情为声之本，声为情之表，表达内心深处的、自然真切的情感才是朗读的实质。

第三节 朗读训练

本节选取了《普通话水平测试实施纲要》中的60篇朗读作品，每篇作品在第400个音节后用“//”标注。普通话考试中的短文朗读就是从这60篇作品中选取一篇，要求应试人在4分钟内读完400个音节。因而，应试人应熟读这些作品，做到不错、不漏、流畅地朗读各篇文章。

作品 1 号——《白杨礼赞》

《白杨礼赞》

那是力争上游的一种树，笔直的干（gàn），笔直的枝。它的干呢，通常是丈把高，像是加以人工似的（shì de），一丈以内，绝无旁枝；它所有的丫枝（yā zhī）呢，一律向上，而且紧紧靠拢，也像是加以人工似的，成为一束，绝无横斜逸出；它的宽大的叶子也是片片向上，几乎（jī hū）没有斜生的，更不用说倒垂了；它的皮，光滑而有银色的晕圈（yùn quān），微微泛出淡青色。这是虽在北方的风雪的压迫下却保持着倔强（jué jiàng）挺立的一种树！哪怕只有碗来粗细罢（ba），它却努力向上发展，高到丈许，两丈，参天耸立，不折不挠（náo），对抗着西北风。

这就是白杨树，西北极普通的一种树，然而决不是平凡的树！

它没有婆娑（pó suō）的姿态，没有屈曲（qū）盘旋的虬枝（qiú zhī），也许你要说它不美丽，——如果美是专指"婆娑"或"横斜逸出"之类而言，那么，白杨树算不得树中的好女子；但是它却是伟岸，正直，朴质，严肃，也不缺乏温和，更不用提它的坚强不屈与挺拔，它是树中的伟丈夫！当你在积雪初融的高原上走过，看见平坦的大地上傲然挺立这么一株或一排白杨树，难道你就只觉得树只是树，难道你就不想到它的朴质，严肃，坚强不屈，至少也象征了北方的农民；难道你竟一点儿（yì diǎr）也不联想到，在敌后的广大土//地上，到处有坚强不屈，就像这白杨树一样傲然挺立的守卫他们家乡的哨兵！难道你又不更远一点想到这样枝枝叶叶靠紧团结，力求上进的白杨树，宛然象征了今天在华北平原纵横决荡用血（xuè）写出新中国历史的那种精神（jīng shén）和意志。

——节选自茅盾《白杨礼赞》

作品 2 号——《差别》

两个同龄的年轻人同时受雇于一家店铺，并且拿同样的薪水（xīn shuǐ）。

《差别》

可是一段时间后，叫阿诺德的那个小伙子青云直上，而那个叫布鲁诺的小伙子却仍（réng）在原地踏步。布鲁诺很不满意老板的不公正待遇。终于有一天他到老板那儿（nàr）发牢骚了。老板一边耐心地听着他的抱怨，一边在心里盘算（pán suan）着怎样向他解释清楚他和阿诺德之间的差别（chā bié）。

"布鲁诺先生，"老板开口说话了，"您现在到集市上去一下，看看今天早上（zǎo shang）有什么卖的。"

布鲁诺从集市上回来向老板汇报说，今早集市上只有一个农民拉了一车土豆在卖。

"有多少？"老板问。

布鲁诺赶快戴上帽子又跑到集上，然后回来告诉老板一共四十袋土豆。

"价格是多少？"

布鲁诺又第三次跑到集上问来了价格。

"好吧，"老板对他说，"现在请您坐到这把椅子上一句话也不要说，看看阿诺德怎么说。"

阿诺德很快就从集市上回来了。向老板汇报说到现在为止只有一个农民在卖土豆，一共四十口袋（kǒu dai），价格是多少多少；土豆质量很不错，他带回来一个让老板看看。这个农民一个钟头以后还会弄来几箱西红柿，据他看价格非常公道（gōng dào）。昨天他们铺子的西红柿卖得很快，库存已经不//多了。他想这么便宜（pián yi）的西红柿，老板肯定会要进一些的，所以他不仅带回了一个西红柿做样品，而且把那个农民也带来了，他现在正在外面等回话呢。

此时老板转向了布鲁诺，说："现在您肯定知道为什么阿诺德的薪水比您高了吧！"

——节选自张健鹏、胡足青主编《故事时代》中《差别》

作品 3 号——《丑石》

《丑石》

我常常遗憾我家门前那块丑石：它黑黝黝（hēi yǒu yǒu）地卧在那里，牛似的模样（mú yàng）；谁也不知道是什么时候留在这里的，谁也不去理会它。只是麦收时节，门前摊了麦子，奶奶总是说：这块丑石，多占地面呀，抽空把它搬走吧。

它不像汉白玉那样的细腻，可以刻字雕花，也不像大青石那样的光滑，可以供（gōng）来浣纱（huàn shā）捶布；它静静地卧在那里，院边的槐荫没有庇覆（bì fù）它，花儿（huā'ér）也不再在它身边生长。荒草便繁衍（fán yǎn）出来，枝蔓（zhī màn）上下，慢慢地，它竟锈上了绿苔（tái）、黑斑。我们这些做孩子的，也讨厌起它来，曾合伙要搬走它，但力气（lì qi）又不足；虽时时咒骂它，嫌弃（xián qì）它，也无可奈何，只好任它留在那里了。

终有一日，村子里来了一个天文学家。他在我家门前路过，突然发现了这块石头，眼光立即（lì jí）就拉直了。他再没有离开，就住了下来；以后又来了好些人，都说这是一块陨石（yǔn shí），从天上落下来已经有二三百年了，是一件了不起（liǎo bù qǐ）的东西（dōng xi）。不久便来了车，小心翼翼地将它运走了。

这使我们都很惊奇，这又怪又丑的石头，原来是天上的啊！它补过天，在天上发过热、闪过光，我们的先祖或许仰望过它，它给了他们光明、向往、憧憬（chōng jǐng）；而它落下来了，在污土里，荒草里，一躺就//是几百年了！

我感到自己的无知，也感到了丑石的伟大，我甚至怨恨它这么多年竟会默默地忍受着这一切！而我又立即深深地感到它那种不屈于误解、寂寞的生存的伟大。

——节选自贾平凹《丑石》

作品 4 号——《达瑞的故事》

在达瑞八岁的时候，有一天他想去看电影。因为（yīn wèi）没有钱，他想是向爸妈要钱，还是自己挣钱（zhèng qián）。最后他选择了后者。他自己调制（tiáo zhì）了一种汽水，向过路的行人出售。可那时正是寒冷的冬天，没有人买，只有两个人例外——他的爸爸和妈妈。

他偶然有一个和非常成功的商人谈话的机会。当他对商人讲述了自己的"破产史"后，商人给了他两个重要的建议：一是尝试为别人解决一个难题；二是把精力集中在你知道的、你会的和你拥有的东西上。

《达瑞的故事》

这两个建议很关键。因为对于一个八岁的孩子而言，他不会做的事情很多。于是他穿过大街小巷，不停地思考：人们会有什么难题，他又如何利用这个机会？

一天，吃早饭时父亲让达瑞去取报纸。美国的送报员总是把报纸从花园篱笆（lí ba）的一个特制的管子里塞（sāi）进来。假如你想穿着睡衣舒舒服服（shū shu fú fú）地吃早饭和看报纸，就必须离开温暖的房间，冒着寒风，到花园去取。虽然路短，但十分麻烦（má fan）。

当达瑞为父亲取报纸的时候，一个主意（zhǔ yi）诞生了。当天（dàng tiān）他就按响邻居（lín jū）的门铃，对他们说，每个月只需付给他一美元，他就每天早上把报纸塞到他们的房门底下。大多数人都同意了，很快他有//了七十多个顾客。一个月后，当他拿到自己赚（zhuàn）的钱时，觉得自己简直是飞上了天。

很快他又有了新的机会，他让他的顾客每天把垃圾袋放在门前，然后由他早上运到垃圾桶里，每个月加一美元。之后他还想出了许多孩子赚钱的办法，并把它集结（jí jié）成书，书名为《儿童挣钱的二百五十个主意》。为此，达瑞十二岁时就成了畅销书作家，十五岁有了自己的谈话节目，十七岁就拥有了几百万美元。

——节选自［德］博多·舍费尔《达瑞的故事》，刘志明译

作品5号——《第一场雪》

这是入冬以来，胶东半岛上第一场雪。

雪纷纷扬扬，下得很大。开始还伴着一阵儿（yí zhèr）小雨，不久就只见大片大片的雪花，从彤云密布的天空中飘落下来。地面上一会儿（yí huèr）就白了。冬天的山村，到了夜里就万籁俱寂（wàn lài jù jì），只听得雪花簌簌地（sù sù de）不断往下落，树木的枯枝被雪压断了，偶尔咯吱一声响。

《第一场雪》

大雪整整下了一夜。今天早晨，天放晴了，太阳出来了。推开门一看，嗬！好大的雪啊（ya）！山川、河流、树木、房屋，全都罩上了一层厚厚的雪，万里江山，变成了粉妆玉砌的世界。落光了叶子的柳树上挂满了毛茸茸亮晶晶的银条儿（yín tiáor）；而那些冬夏常青的松树和柏树上，则挂满了蓬松松沉甸甸（chén diàn diàn）的雪球儿。一阵风吹来，树枝轻轻地摇晃，美丽的银条儿和雪球儿簌簌地落下来，玉屑（yù xiè）似的雪末儿（xuě mòr）随风飘扬，映着清晨的阳光，显出一道道五光十色的彩虹。

大街上的积雪足有一尺多深，人踩上去，脚底下发出咯吱咯吱的响声。一群群孩子在雪地里堆雪人，掷（zhì）雪球，那欢乐的叫喊声，把树枝上的雪都震落下来了。

俗话说，“瑞雪兆丰年”。这个话有充分的科学根据，并不是一句迷信的成语。寒冬大雪，可以冻死一部分越冬的害虫；融化了的水渗进土层深处，又能供应（gōng yìng）//庄稼（zhuāng jia）生长的需要。我相信这一场十分及时的大雪，一定会促进明年春季作物，尤其是小麦的丰收。有经验的老农把雪比作是“麦子的棉被”。冬天“棉被”盖得越厚，明春麦子就长得越好，所以又有这样一

句谚语:“冬天麦盖三层被，来年枕着馒头(mán tou)睡。”

我想，这就是人们为什么把及时的大雪称为“瑞雪”的道理吧。

——节选自峻青《第一场雪》

作品6号——《读书人是幸福人》

《读书人是幸福人》

我常想读书人是世间幸福人，因为他除了拥有现实的世界之外，还拥有另一个更为(gèng wéi)浩瀚(hào hàn)也更为丰富的世界。现实的世界是人人都有的，而后一个世界却为(wéi)读书人所独有。由此我想，那些失去或不能阅读的人是多么的不幸，他们的丧失是不可补偿的。世间有诸多(zhū duō)的不平等，财富的不平等，权力的不平等，而阅读能力的拥有或丧失却体现为精神的不平等。

一个人的一生，只能经历自己拥有的那一份欣悦，那一份苦难，也许再加上他亲自闻知的那一些关于自身以外的经历和经验。然而，人们通过阅读，却能进入不同时空的诸多他人的世界。这样，具有阅读能力的人，无形间获得了超越有限生命的无限可能性。阅读不仅使他多识了草木虫鱼之名，而且可以上溯(shàng sù)远古下及未来，饱览存在的与非存在的奇风异俗。

更为重要的是，读书加惠于人们的不仅是知识(zhī shi)的增广，而且还在于精神的感化与陶冶(táo yě)。人们从读书学做人，从那些往哲先贤以及当代才俊的著述中学得(xué dé)他们的人格。人们从《论语》(Lún yǔ)中学得智慧的思考，从《史记》中学得严肃的历史精神，从《正气歌》中学得人格的刚烈，从马克思学得人世//的激情，从鲁迅学得批判精神，从托尔斯泰学得道德的执着(zhí zhuó)。歌德的诗句刻写着睿智(ruì zhì)的人生，拜伦的诗句呼唤着奋斗的热情。一个读书人，一个有机会拥有超乎个人生命体验的幸运人。

——节选自谢冕《读书人是幸福人》

作品7号——《二十美金的价值》

《二十美金的价值》

一天，爸爸下班回到家已经很晚了，他很累也有点儿(yǒu diǎr)烦，他发现五岁的儿子靠在门旁正等着他。

“爸，我可以问您一个问题吗?”

“什么问题?”“爸，您一小时可以赚多少钱?”“这与你无关，你为什么问这个问题?”父亲生气地说。

“我只是想知道，请告诉我，您一小时赚多少钱?”小孩儿(xiǎo hár)哀求道。“假如你一定要知道的话，我一小时赚二十美金。”

“哦，”小孩儿低下了头，接着又说，“爸，可以借我十美金吗?”父亲发怒了:“如果你只是要借钱去买毫无意义的玩具的话，给我回到你的房间睡觉去。好好想想为什么你会那么自私。我每天辛苦工作，没时间和你玩儿(wár)小孩子的游戏。”

小孩儿默默地回到自己的房间关上门。

父亲坐下来还在生气。后来，他平静下来了。心想他可能对孩子太凶了——或许孩子真的很想买什么东西，再说他平时很少要过钱。

父亲走进孩子的房间："你睡了吗？""爸，还没有，我还醒着。"孩子回答。

"我刚才可能对你太凶了，"父亲说，"我不应该（yīng gāi）发那么大的火儿（huǒr）——这是你要的十美金。""爸，谢谢您。"孩子高兴地从枕头下拿出一些被弄皱的钞票，慢慢地数着。

"为什么你已经有钱了还要？"父亲不解地问。

"因为原来不够，但现在凑够了。"孩子回答："爸，我现在有//二十美金了，我可以向您买一个小时的时间吗？明天请早一点儿回家——我想和您一起吃晚餐。"

——选自唐继柳编译《二十美金的价值》

作品 8 号——《繁星》

我爱月夜，但我也爱星天。从前在家乡七八月的夜晚在庭院里纳凉的时候，我最爱看天上密密麻麻的繁星。望着星天，我就会忘记一切，仿佛（fǎng fú）回到了母亲的怀里似的。

《繁星》

三年前在南京我住的地方（dì fang）有一道后门，每晚我打开后门，便看见一个静寂（jìng jì）的夜。下面是一片菜园，上面是星群密布的蓝天。星光在我们的肉眼里虽然微小，然而它使我们觉得（jué de）光明无处不在。那时候我正在读一些天文学的书，也认得一些星星（xīng xing），好像它们就是我的朋友，它们常常在和我谈话一样。

如今在海上，每晚和繁星相对，我把它们认得（rèn de）很熟了。我躺在舱面上，仰望（yǎng wàng）天空。深蓝色的天空里悬着无数半明半昧（bàn míng bàn mèi）的星。船在动，星也在动，它们是这样低，真是摇摇欲坠（yáo yáo yù zhuì）呢！渐渐地我的眼睛模糊（mó hu）了，我好像看见无数萤火虫在我的周围飞舞。海上的夜是柔和的，是静寂的，是梦幻的。我望着许多认识的星，我仿佛看见它们在对我眨眼，我仿佛听见它们在小声说话。这时我忘记了一切。在星的怀抱中我微笑着，我沉睡着。我觉得自己是一个小孩子，现在睡在母亲的怀里了。

有一夜，那个在哥伦波上船的英国人指给我看天上的巨人。他用手指着：//那四颗明亮的星是头，下面的几颗是身子（shēn zi），这几颗是手，那几颗是腿和脚，还有三颗星算是腰带。经他这一番指点，我果然看清楚（qīng chu）了那个天上的巨人。看，那个巨人还在跑呢！

——节选自巴金《繁星》

作品 9 号——《风筝畅想曲》

假日到河滩上转转，看见许多孩子在放风筝（fēng zheng）。一根根长长的引线，一头（yì tóu）系（jì）在天上，一头系在地上，孩子同风筝都在天与地之间悠荡，连心也被悠荡得恍恍惚惚了，好像又回到了童年。

儿时放的风筝，大多是自己的长辈或家人编扎（biān zā）的，几根削（xiāo）得很薄（báo）的篾（miè），用细纱线扎成各种鸟兽的造型，糊（hú）上雪白的纸片，再用彩笔勾勒出面孔与翅膀的图案。通常扎得最多的是“老雕”“美人儿”“花蝴蝶”等。

《风筝畅想曲》

我们家前院就有位叔叔，擅扎风筝，远近闻名。他扎的风筝不只体型好看，色彩艳丽，放飞得高远，还在风筝上绷一叶用蒲苇（pú wěi）削成的膜片，经风一吹，发出“嗡嗡”（wēng wēng）的声响，仿佛是风筝的歌唱，在蓝天下播扬，给开阔的天地增添了无尽的韵味，给驰荡的童心带来几分疯狂。

我们那条胡同（hú tòng）的左邻右舍的孩子们放的风筝几乎（jī hū）都是叔叔编扎的。他的风筝不卖钱，谁上门去要，就给谁，他乐意自己贴钱买材料。

后来，这位叔叔去了海外，放风筝也渐与孩子们远离了。不过年年叔叔给家乡写信，总不忘提起儿时的放风筝。香港回归之后，他的家信中说到，他这只被故乡放飞到海外的风筝，尽管飘荡游弋（yóu yì），经沐（mù）风雨，可那线头儿（xiàn tóur）一直在故乡和//亲人手中牵着，如今飘得太累了，也该要回归到家乡和亲人身边来了。

是的。我想，不光是叔叔，我们每个人都是风筝，在妈妈手中牵着，从小放到大，再从家乡放到祖国最需要的地方去啊（ya）！

——节选自李恒瑞《风筝畅想曲》

作品 10 号——《父亲的爱》

爸不懂得（dǒng dé）怎样表达爱，使我们一家人融洽（róng qià）相处（xiāng chǔ）的是我妈。他只是每天上班下班，而妈则把我们做过的错事开列清单，然后由他来责骂我们。

《父亲的爱》

有一次我偷了一块糖果，他要我把它送回去，告诉（gào su）卖糖的说是我偷来的，说我愿意替他拆箱卸货作为赔偿。但妈妈（mā ma）却明白（míng bai）我只是个孩子。

我在运动场打秋千跌断了腿，在前往医院的途中一直抱着我的，是我妈。爸把汽车停在急诊室门口，他们叫他驶开，说那空位（kòng wèi）是留给紧急车辆停放的。爸听了便叫嚷道：“你以为这是什么车？旅游车？”

在我生日会上，爸总是显得有些不大相称（xiāng chèn）。他只是忙于吹气球，布置餐桌，做杂务。把插着蜡烛的蛋糕推过来让我吹的，是我妈。

我翻阅照相册时，人们总是问：“你爸爸（bà ba）是什么样子的？”天晓得！他老是忙着替别人拍照。妈和我笑容可掬（xiào róng kě jū）地一起拍的照片（zhào piàn），多得不可胜数（bù kě shèng shǔ）。

我记得妈有一次叫他教我骑自行车。我叫他别放手，但他却说是应该放手的时候了。我摔倒之后，妈跑过来扶我，爸却挥手要她走开。我当时生气极了，决心要给他点儿（diǎr）颜色看。于是我马上爬上自行车，而且自己骑给他看。他只是微笑。

我念大学时，所有的家信都是妈写的。他除//了寄支票外，还寄过一封短柬给我，说因为我不在草坪上踢足球了，所以他的草坪长得很美。

每次我打电话回家，他似乎都想跟我说话，但结果总是说：“我叫你妈来接。”

我结婚（jié hūn）时，掉眼泪的是我妈。他只是大声擤（xǐng）了一下鼻子，便走出房间。

我从小到大都听他说："你到哪里去？什么时候回家？汽车有没有汽油？不，不准去。"爸完全不知道怎样表达爱。除非……

会不会是他已经表达了，而我却未能察觉？

——节选自［美］艾尔玛·邦贝克《父亲的爱》

作品 11 号——《国家荣誉感》

《国家荣誉感》

一个大问题一直盘踞在我脑袋（nǎo dai）里：

世界杯怎么会有如此巨大的吸引力？除去足球本身的魅力之外，还有什么超乎其上而更伟大的东西？

近来观看世界杯，忽然从中得到了答案：是由于一种无上崇高的精神（jīng shén）情感——国家荣誉感！

地球上的人都会有国家的概念，但未必时时都有国家的感情。往往人到异国，思念家乡，心怀故国，这国家概念就变得有血（xiě）有肉，爱国之情来得非常具体。而现代社会，科技昌达，信息快捷，事事上网，世界真是太小太小，国家的界限似乎（sì hū）也不那么清晰了。再说足球正在快速世界化，平日里各国球员频繁转会，往来随意，致使越来越多的国家联赛都具有国际的因素。球员们不论国籍，只效力于自己的俱乐部，他们比赛时的激情中完全没有爱国主义的因子（yīn zǐ）。

然而，到了世界杯大赛，天下大变。各国球员都回国效力，穿上与光荣的国旗同样色彩的服装。在每一场比赛前，还高唱国歌以宣誓对自己祖国的挚爱（zhì'ài）与忠诚。一种血缘（xuè yuán）情感开始在全身的血管里燃烧起来，而且立刻热血（rè xuè）沸腾。

在历史时代，国家间经常发生对抗，好男儿（nán'ér）戎装（róng zhuāng）卫国。国家的荣誉往往需要以自己的生命去换//取。但在和平时代，唯有这种国家之间大规模对抗性的大赛，才可以唤起那种遥远而神圣的情感，那就是：为祖国而战！

——节选自冯骥才《国家荣誉感》

作品 12 号——《海滨仲夏夜》

夕阳落山不久，西方的天空，还燃烧着一片橘红色的晚霞。大海，也被这霞光染成了红色，而且比天空的景色更要壮观。因为它是活动的，每当一排排波浪涌起的时候（shí hou），那映照在浪峰上的霞光，又红又亮，简直就像一片片霍霍燃烧着的火焰，闪烁着，消失了。而后面的一排，又闪烁着，滚动着，涌了过来。

《海滨仲夏夜》

天空的霞光渐渐地淡下去了，深红的颜色变成了绯红（fēi hóng），绯红又变为浅红。最后，当这一切红光都消失了的时候，那突然显得高而远了的天空，则呈现（chéng xiàn）出一片肃穆的神色。最早出现的启明星，在这蓝色的天幕上闪烁起来了。它是那么大，那么亮，整个广漠的天幕上只有它在那里放射着令人注目的光辉，活像一盏悬挂在高空的明灯。

夜色加浓，苍空中的“明灯”越来越多了。而城市各处的真的灯火也次第亮了起来，尤其是围绕（wéi rào）在海港周围山坡上的那一片灯光，从半空倒映在乌蓝的海面上，随着波浪，晃动着，闪烁着，像一串流动着的珍珠，和那一片片密布在苍穹（cāng qióng）里的星斗互相辉映，煞（shà）是好看。

在这幽美的夜色中，我踏着软绵绵的沙滩，沿着海边，慢慢地向前走去。海水，轻轻地抚摸着细软的沙滩，发出温柔的//刷刷声。晚来的海风，清新而又凉爽。我的心里，有着说不出的兴奋（xīng fèn）和愉快。

夜风轻飘飘地吹拂着，空气中飘荡着一种大海和田禾相混合（hùn hé）的香味儿，柔软的沙滩上还残留着白天太阳炙晒（zhì shài）的余温。那些在各个工作岗位上劳动了一天的人们，三三两两地来到了这软绵绵的沙滩上，他们浴着凉爽的海风，望着那缀满了星星的夜空，尽情地说笑，尽情地休憩（xiū qì）。

——节选自峻青《海滨仲夏夜》

作品 13 号——《海洋与生命》

生命在海洋里诞生绝不是偶然的，海洋的物理和化学性质，使它成为孕育（yùn yù）原始生命的摇篮。

《海洋与生命》

我们知道，水是生物的重要组成部分，许多动物组织的含水量在百分之八十以上，而一些海洋生物的含水量高达百分之九十五。水是新陈代谢（xīn chén dài xiè）的重要媒介（méi jiè），没有它，体内的一系列生理和生物化学反应就无法进行，生命也就停止。因此，在短时期内动物缺水要比缺少食物更加危险。水对今天的生命是如此重要，它对脆弱的原始生命，更是举足轻重（jǔ zú qīng zhòng）了。生命在海洋里诞生，就不会有缺水之忧。

水是一种良好的溶剂。海洋中含有许多生命所必需的无机盐，如氯化钠（lǜ huà nà）、氯化钾、碳酸盐、磷酸盐（lín suān yán），还有溶解氧，原始生命可以毫不费力地从中吸取它所需要的元素。

水具有很高的热容量，加之海洋浩大，任凭夏季烈日曝晒（pù shài），冬季寒风扫荡，它的温度变化却比较（bǐ jiào）小。因此，巨大的海洋就像是天然的“温箱”，是孕育原始生命的温床。

阳光虽然为（wéi）生命所必需，但是阳光中的紫外线却有扼杀（è shā）原始生命的危险。水能有效地吸收紫外线，因而（yīn'ér）又为（wèi）原始生命提供（tí gōng）了天然的“屏障”（píng zhàng）。

这一切都是原始生命得以产生和发展的必要条件。

——节选自童裳（cháng）亮《海洋与生命》

作品 14 号——《和时间赛跑》

读小学的时候（shí hou），我的外祖母去世了。外祖母生前最疼爱我，我无法排除自己的忧伤，每天在学校的操场上一圈儿（quān）又一圈儿地跑着，跑得累倒在地上，扑在草坪上痛哭。

那哀痛的日子（rì zi），断断续续地持续了很久，爸爸（bà ba）妈妈（mā ma）也不知道如何安慰我。他们知道与其骗我说外祖母睡着（shuì zháo）了，还不如对我说实话：外祖母永远不会回来了。

《和时间赛跑》

“什么是永远不会回来呢？”我问着。

“所有时间里的事物，都永远不会回来。你的昨天过去，它就永远变成昨天，你不能再回到昨天。爸爸以前也和你一样小，现在也不能回到你这么小的童年了；有一天你会长大，你会像外祖母一样老；有一天你度过了你的时间，就永远不会回来了。”爸爸说。

爸爸等于给我一个谜语，这谜语比课本上的“日历挂在墙壁，一天撕去一页，使我心里着急（zháo jí）”和“一寸光阴一寸金，寸金难买寸光阴”还让我感到可怕；也比作文本上的“光阴似箭，日月如梭”更让我觉得（jué de）有一种说不出的滋味。

时间过得那么飞快，使我的小心眼儿里不只是着急，还有悲伤。有一天我放学回家，看到太阳快落山了，就下决心说：“我要比太阳更快地回家。”我狂奔回去，站在庭院前喘气的时候，看到太阳//还露着（lòu zhe）半边脸，我高兴地跳跃起来，那一天我跑赢了太阳。以后我就时常做那样的游戏，有时和太阳赛跑，有时和西北风比快，有时一个暑假才能做完的作业，我十天就做完了；那时我三年级，常常把哥哥五年级的作业拿来做。每一次比赛胜过时间，我就快乐得不知道怎么形容。

如果将来我有什么要教（jiāo）给我的孩子，我会告诉（gào su）他：假若你一直和时间比赛，你就可以成功！

——节选自林清玄《和时间赛跑》

作品 15 号——《胡适的白话电报》

三十年代初，胡适（Hú Shì）在北京大学任教授。讲课时他常常对白话文大加称赞，引起一些只喜欢文言文而不喜欢白话文的学生的不满。

一次，胡适正讲得得意的时候，一位姓魏的学生（xué sheng）突然站了起来，生气地问：“胡先生，难道说白话文就毫无缺点吗？”胡适微笑着回答说：“没有。”那位学生更加激动了：“肯定有！白话文废话太多，打电报用字多，花钱多。”胡适的目光顿时变亮了。轻声地解释说：“不一定吧！前几天有位朋友（péng you）给我打来电报，请我去政府部门工作，我决定不去，就回电拒绝了。复电是用白话写的，看来也很省字。请同学们根据我这个意思（yì si），用文言文写一个回电，看看究竟是白话文省字，还是文言文省字？”胡教授刚说完，同学们立刻认真地写了起来。

《胡适的白话电报》

十五分钟过去，胡适让同学举手，报告用字的数目，然后挑了一份用字最少的文言电报稿，电文是这样写的：

“才疏学浅，恐难胜任，不堪从命。”白话文的意思是：学问不深，恐怕很难担任这个工作，不能服从安排。

胡适说，这份写得确实不错，仅用了十二个字。但我的白话电报却只用了五个字：

“干不了（gàn bu liǎo），谢谢（xiè xie）！”

胡适又解释说：“干不了”就有才疏学浅、恐难胜任的意思；“谢谢”既//对朋友的介绍表示感谢，又有拒绝的意思。所以，废话多不多，并不看它是文言文还是白话文，只要注意选用字词，白话文是可以比文言文更省字的。

——节选自陈灼主编《实用汉语中级教程》（上）中《胡适的白话电报》

作品 16 号——《火光》

《火光》

很久以前，在一个漆黑的秋天的夜晚，我泛舟在西伯利亚一条阴森森的河上。船到一个转弯处，只见前面黑黢黢（hēi qū qū）的山峰下面一星火光蓦地（mò de）一闪。

火光又明又亮，好像就在眼前……

“好啦，谢天谢地！”我高兴地说，“马上就到过夜的地方（dì fang）啦！”

船夫扭头朝身后的火光望了一眼，又不以为然地划起桨来。

“远着呢！”

我不相信他的话，因为（yīn wèi）火光冲破朦胧的夜色，明明就在那儿（nàr）闪烁。不过船夫是对的，事实上，火光的确（dí què）还远着呢。

这些黑夜的火光的特点是：驱散黑暗，闪闪发亮，近在眼前，令人神往。乍一看，再划几下就到了……其实却还远着呢！……

我们在漆黑如墨的河上又划了很久。一个个峡谷和悬崖，迎面驶来，又向后移去，仿佛消失在茫茫的远方，而火光却依然停在前头（qián tou），闪闪发亮，令人神往——依然是这么近，又依然是那么远……

现在，无论是这条被悬崖峭壁的阴影笼罩的漆黑的河流，还是那一星明亮的火光，都经常浮现在我的脑际，在这以前和在这以后，曾有许多火光，似乎近在咫尺（zhǐ chǐ），不止使我一人心驰神往。可是生活之河却仍然在那阴森森的两岸之间流着，而火光也依旧非常遥远。因此，必须加劲划桨……

然而，火光啊（nga）……毕竟……毕竟就//在前头！

——节选自［俄］柯罗连科《火光》，张铁夫译

作品 17 号——《济南的冬天》

《济南的冬天》

对于一个在北平住惯的人，像我，冬天要是不刮风，便觉得（jué de）是奇迹；济南（Jǐ nán）的冬天是没有风声的。对于一个刚由伦敦回来的人，像我，冬天要能看得见日光，便觉得是怪事；济南的冬天是响晴的。自然，在热带的地方，日光永远是那么毒，响亮的天气，反有点儿（yǒu diǎr）叫人害怕。可是，在北中国的冬天，而能有温晴的天气，济南真得（děi）算个宝地。

设若单单是有阳光，那也算不了（suàn bu liǎo）出奇。请闭上眼睛（yǎn jing）想：一个老城，有山有水，全在天底下晒着阳光，暖和（nuǎn huo）安适地睡

着，只等春风来把它们唤醒，这是不是理想的境界？小山整把济南围了个圈儿（quār），只有北边缺着点口儿（kǒur）。这一圈小山在冬天特别可爱，好像是把济南放在一个小摇篮里，它们安静不动地低声地说：“你们放心吧，这儿（zhèr）准保暖和。”真的，济南的人们在冬天是面上含笑的。他们一看那些小山，心中便觉得有了着落（zhuó luò），有了依靠。他们由天上看到山上，便不知不觉地想起：“明天也许就是春天了吧？这样的温暖，今天夜里山草也许就绿起来了吧？”就是这点儿幻想不能一时实现，他们也并不着急（zháo jí），因为（yīn wèi）这样慈善的冬天，干什么还希望别的呢！

最妙的是下点儿小雪呀。看吧，山上的矮松越发的青黑，树尖儿（jiār）上//顶着一髻儿（yí jìer）白花，好像日本看护妇（kān hù fù）。山尖儿全白了，给蓝天镶上一道银边（yín biār）。山坡上，有的地方雪厚点儿，有的地方草色还露着（lòu zhe）；这样，一道儿白，一道儿暗黄，给山们穿上一件带水纹儿的花衣；看着看着，这件花衣好像被风儿（fēng'ér）吹动，叫你希望看见一点儿更美的山的肌肤。等到快日落的时候，微黄的阳光斜射在山腰上，那点儿薄（báo）雪好像忽然害羞，微微露出点儿粉色。就是下小雪吧，济南是受不住（shòu bu zhù）大雪的，那些小山太秀气（xiù qi）。

——节选自老舍《济南的冬天》

作品 18 号——《家乡的桥》

《家乡的桥》

纯朴的家乡村边有一条河，曲曲弯弯，河中架一弯石桥，弓样的小桥横跨两岸。

每天，不管是鸡鸣晓月，日丽中天，还是月华泻地，小桥都印下串串足迹，洒落串串汗珠。那是乡亲为了追求多棱（duō léng）的希望，兑现（duì xiàn）美好的遐想。弯弯小桥，不时荡过轻吟低唱，不时露出（lù chū）舒心的笑容。

因而，我稚小（zhì xiǎo）的心灵，曾将心声献给小桥：你是一弯银色的新月，给人间普照光辉；你是一把闪亮的镰刀，割刈（gē yì）着欢笑的花果；你是一根晃悠悠的扁担（biǎn dan），挑起了彩色的明天！哦，小桥走进我的梦中。

我在漂泊（piāo bó）他乡的岁月，心中总涌动着故乡的河水，梦中总看到弓样的小桥。当我访南疆探北国，眼帘闯进座座雄伟的长桥时，我的梦变得丰满了，增添了赤橙黄绿青蓝紫。

三十多年过去，我带着满头霜花回到故乡，第一（dì yī）紧要的便是去看望小桥。

啊！小桥呢？它躲起来了？河中一道长虹，浴着朝霞熠熠（yì yì）闪光。哦，雄浑的大桥敞开胸怀，汽车的呼啸、摩托（mó tuō）的笛音、自行车的叮铃，合奏着进行交响乐；南来的钢筋、花布，北往的柑橙、家禽，绘出交流欢跃图……

啊！蜕变（tuì biàn）的桥，传递了家乡进步的消息（xiāo xi），透露了家乡富裕的声音。时代的春风，美好的追求，我蓦地（mò de）记起儿时唱//给小桥的歌，哦，明艳艳的太阳照耀了，芳香甜蜜的花果捧来了，五彩斑斓的岁月拉开了！

我心中涌动的河水，激荡起甜美的浪花。我仰望一碧蓝天，心底轻声呼喊：家乡的桥啊（wa），我梦中的桥！

——节选自郑莹《家乡的桥》

作品 19 号——《坚守你的高贵》

《坚守你的高贵》

三百多年前，建筑设计师莱伊恩受命设计了英国温泽市政府大厅。他运用工程力学的知识（zhī shi），依据自己多年的实践，巧妙地设计了只用一根柱子支撑的大厅天花板。一年以后，市政府权威人士进行工程验收时，却说只用一根柱子支撑天花板太危险，要求莱伊恩再多加几根柱子。

莱伊恩自信只要一根坚固的柱子足以保证大厅安全，他的“固执（gù zhi）”惹恼了市政官员，险些被送上法庭。他非常苦恼，坚持自己原先的主张吧，市政官员肯定会另找人修改设计；不坚持吧，又有悖（yǒu bèi）自己为人的准则。矛盾了很长一段时间，莱伊恩终于想出了一条妙计，他在大厅里增加了四根柱子，不过这些柱子并未与天花板接触，只不过是装装（zhuāng zhuang）样子。

三百多年过去了，这个秘密始终没有被人发现。直到前两年，市政府准备修缮（xiū shàn）大厅的天花板，才发现莱伊恩当年的“弄虚作假”。消息传出后，世界各国的建筑专家和游客云集，当地政府对此也不加掩饰，在新世纪到来之际，特意将大厅作为一个旅游景点对外开放，旨（zhǐ）在引导人们崇尚（chóng shàng）和相信科学。

作为一名建筑师，莱伊恩并不是最出色的。但作为一个人，他无疑非常伟大，这种//伟大表现在他始终恪守（kè shǒu）着自己的原则，给高贵的心灵一个美丽的住所，哪怕是遭遇到最大的阻力，也要想办法抵达胜利。

——节选自游宇明《坚守你的高贵》

作品 20 号——《金子》

《金子》

自从传言有人在萨文河畔散步时无意发现了金子（jīn zi）后，这里便常有来自四面八方的淘金者。他们都想成为富翁，于是寻遍了整个河床，还在河床上挖出很多大坑，希望借助它们找到更多的金子。的确，有一些人找到了，但另外一些人因为（yīn wèi）一无所得而只好扫兴归去。

也有不甘心落空的，便驻扎（zhù zhā）在这里，继续寻找。彼得·弗雷特就是其中一员。他在河床附近买了一块没人要的土地，一个人默默地工作。他为了找金子，已把所有的钱都押在这块土地上。他埋头苦干了几个月，直到土地全变成了坑坑洼洼，他失望了——他翻遍了整块土地，但连一丁点儿（yì dīng diǎr）金子都没看见。

六个月后，他连买面包的钱都没有了。于是他准备离开这儿（zhèr）到别处去谋生。

就在他即将（jí jiāng）离去的前一个晚上，天下起了倾盆大雨，并且一下就是三天三夜。雨终于停了，彼得走出小木屋，发现眼前的土地看上去好像和以前不一样：坑坑洼洼已被大水冲刷平整，松软的土地上长出一层绿茸茸的小草。

“这里没找到金子，”彼得忽有所悟地说，“但这土地很肥沃，我可以用来种花，并且拿到镇上去卖给那些富人，他们一定会买些花装扮他们华丽的客厅。//如果真是这样的话，那么我一定会赚（zhuàn）许多钱。有朝一日我也会成为富人……”

于是他留了下来。彼得花了不少精力培育花苗，不久，田地里长满了美丽娇艳的各色鲜花。

五年以后，彼得终于实现了他的梦想——成了一个富翁。“我是唯一的一个找到真金的人！”他时常不无骄傲地告诉（gào su）别人，“别人在这儿找不到金子后便远远地离开，而我的‘金子’是在这块土地里，只有诚实的人用勤劳才能采集到。”

——节选自陶猛译《金子》

作品 21 号——《捐诚》

我在加拿大学习期间遇到过两次募捐，那情景至今使我难以忘怀。

一天，我在渥太华（Wò tài huá）的街上被两个男孩子拦住去路，他们十来岁，穿得整整齐齐，每人头上戴着个做工精巧、色彩鲜艳的纸帽，上面写着“为帮助患小儿麻痹（má bì）的伙伴募捐”。其中的一个，不由分说就坐在小凳上给我擦起皮鞋来，另一个则彬彬有礼地发问：“小姐，您是哪国人？喜欢渥太华吗？”“小姐，在你们国家有没有小孩儿（xiǎo hár）患小儿麻痹？谁给他们医疗费？”一连串的问题，使我这个有生以来头一次在众目睽睽（zhòng mù kuí kuí）之下让别人擦鞋的异乡人，从近乎狼狈的窘态（jiǒng tài）中解脱出来。我们像朋友（péng you）一样聊起天儿（tiār）来……

《捐诚》

几个月之后，也是在街上。一些十字路口处或车站坐着几位老人。他们满头银发（yín fà），身穿各种老式军装，上面布满了大大小小形形色色的徽章、奖章，每人手捧一大束鲜花，有水仙、石竹、玫瑰（méi guī）及叫不出名字的，一色雪白。匆匆过往的行人纷纷止步，把钱投进这些老人身旁的白色木箱内，然后向他们微微鞠躬，从他们手中接过一朵花。我看了一会儿（yí huèr），有人投一两元，有人投几百元，还有人掏出支票填好后投进木箱。那些老军人毫不注意人们捐多少钱，一直不//停地向人们低声道谢。同行（tóng xíng）的朋友告诉我，这是为纪念二次大战中参战的勇士，募捐救济残废军人和烈士遗孀（yí shuāng），每年一次；认捐的人可谓踊跃，而且秩序井然，气氛（qì fēn）庄严。有些地方（dì fang），人们还耐心地排着队。我想，这是因为他们都知道（zhī dào）：正是这些老人们的流血牺牲换来了包括他们信仰自由在内的许许多多。

我两次把那微不足道的一点儿钱捧给他们，只想对他们说声“谢谢（xiè xie）”。

——节选自青白《捐诚》

作品 22 号——《可爱的小鸟》

没有一片绿叶，没有一缕炊烟，没有一粒泥土，没有一丝花香，只有水的世界，云的海洋。

一阵台风袭（xí）过，一只孤单的小鸟无家可归，落到被卷到洋里的木板上，乘（chéng）流而下，姗姗而来，近了，近了！……

忽然，小鸟张开翅膀，在人们头顶盘旋了几圈儿（quār），“噗啦（pū lā）”一声落到了船上。许是累了？还是发现了“新大陆”？水手撵它它不走，抓它，它乖乖地落在掌心。可爱的小鸟和善良

《可爱的小鸟》

的水手结成（jié chéng）了朋友（péng you）。

瞧，它多美丽，娇巧的小嘴，啄理（zhuó lǐ）着绿色的羽毛，鸭子样的扁脚，呈现（chéng xiàn）出春草的鹅黄。水手们把它带到舱里，给它“搭铺（pù）”，让它在船上安家落户，每天，把分到的一塑料（sù liào）桶淡水匀给它喝，把从祖国带来的鲜美的鱼肉分给它吃，天长日久，小鸟和水手的感情日趋笃厚（dǔ hòu）。清晨，当第一束（shù）阳光射进舷窗（xián chuāng）时，它便敞开美丽的歌喉，唱啊（nga）唱，嘤嘤有韵，宛如春水淙淙（cóng cóng）。人类给它以生命，它毫不悭吝（qiān lìn）地把自己的艺术青春奉献给了哺育它的人。可能都是这样？艺术家们的青春只会献给尊敬他们的人。

小鸟给远航生活蒙上了一层浪漫色调，返航时，人们爱不释手，恋恋不舍地想把它带到异乡。可小鸟憔悴（qiáo cuì）了，给水，不喝！喂肉，不吃！油亮的羽毛失去了光泽。是啊（ra），我//们有自己的祖国，小鸟也有它的归宿，人和动物都是一样啊（nga），哪儿（nǎr）也不如故乡好！

慈爱的水手们决定放开它，让它回到大海的摇篮去，回到蓝色的故乡去。离别前，这个大自然的朋友与水手们留影纪念。它站在许多人的头上，肩上，掌上，胳膊（gē bo）上，与喂养过它的人们，一起融进那蓝色的画面……

——节选自王文杰《可爱的小鸟》

作品 23 号——《课不能停》

《课不能停》

纽约的冬天常有大风雪，扑面的雪花不但令人难以睁开眼睛（yǎn jing），甚至呼吸都会吸入冰冷的雪花。有时前一天晚上还是一片晴朗，第二天拉开窗帘，却已经积雪盈尺，连门都推不开了。

遇到这样的情况，公司、商店常会停止上班，学校也通过广播，宣布停课。但令人不解的是，唯有公立小学，仍然开放。只见黄色的校车，艰难地在路边接孩子，老师则一大早就口中喷着热气，铲去车子（chē zi）前后的积雪，小心翼翼地开车去学校。

据统计，十年来纽约的公立小学只因为（yīn wèi）超级暴风雪停过七次课。这是多么令人惊讶的事。犯得着（fàn de zháo）在大人都无须上班的时候让孩子去学校吗？小学的老师也太倒霉了吧？

于是，每逢大雪而小学不停课时，都有家长打电话去骂。妙的是，每个打电话的人，反应全一样——先是怒气冲冲地责问，然后满口道歉，最后笑容满面地挂上电话。原因是，学校告诉家长：

在纽约有许多百万富翁，但也有不少贫困的家庭。后者白天开不起暖气，供不起（gōng bu qǐ）午餐，孩子的营养全靠学校里免费的中饭，甚至可以多拿些回家当（dàng）晚餐。学校停课一天，穷孩子就受一天冻，挨（ái）一天饿，所以老师们宁愿（nìng yuàn）自己苦一点儿，也不能停//课。

或许有家长会说：何不让富裕的孩子在家里，让贫穷的孩子去学校享受暖气和营养午餐呢？

学校的答复是：我们不愿让那些穷苦的孩子感到他们是在接受救济，因为施舍的最高原则是保持受施者的尊严。

——节选自刘墉《课不能停》

作品 24 号——《莲花和樱花》

《莲花和樱花》

十年，在历史上不过是一瞬间（shùn jiān）。只要稍加注意，人们就会发现：在这一瞬间里，各种事物都悄悄经历了自己的千变万化。

这次重新访日，我处处感到亲切和熟悉（shú xī），也在许多方面发觉了日本的变化。就拿奈良（Nài liáng）的一个角落来说吧，我重游了为（wèi）之感受很深的唐招提寺，在寺内各处匆匆走了一遍，庭院依旧，但意想不到还看到了一些新的东西（dōng xi）。其中之一，就是近几年从中国移植来的“友谊之莲”。

在存放鉴真遗像的那个院子（yuàn zi）里，几株中国莲昂然挺立，翠绿的宽大荷叶正迎风而舞，显得十分愉快（yú kuài）。开花的季节已过，荷花朵朵已变为莲蓬（lián peng）累累（léi léi）。莲子（lián zǐ）的颜色正在由青转紫，看来已经成熟了。

我禁不住（jīn bu zhù）想：“因”已转化为“果”。

中国的莲花开在日本，日本的樱花开在中国，这不是偶然。我希望这样一种盛况延续不衰。可能有人不欣赏花，但决不会有人欣赏落在自己面前的炮弹。在这些日子（rì zi）里，我看到了不少多年不见的老朋友，又结识（jié shí）了一些新朋友。大家喜欢涉及的话题之一，就是古长安和古奈良。那还用得着（yòng de zháo）问吗，朋友们缅怀（miǎn huái）过去，正是瞩望（zhǔ wàng）未来。瞩目于未来的人们必将获得未来。

我不例外，也希望一个美好的未来。

为//了（wèi le）中日人民之间的友谊（yǒu yì），我将不浪费今后生命的每一瞬间。

——节选自严文井《莲花和樱花》

作品 25 号——《绿》

《绿》

梅雨潭闪闪的绿色招引着我们，我们开始追捉她那离合的神光了。揪着草，攀着乱石，小心探身下去，又鞠躬过了一个石穹门（shí qióng mén），便到了汪汪一碧的潭边了。

瀑布（pù bù）在襟袖（jīn xiù）之间，但是我的心中已没有瀑布了。我的心随潭水的绿而摇荡。那醉人的绿呀！仿佛一张极大极大的荷叶铺（pū）着，满是奇异的绿呀。我想张开两臂抱住她，但这是怎样一个妄想啊。

站在水边，望到那面，居然觉着有些远呢！这平铺着，厚积着的绿，着实（zhuó shí）可爱。她松松地皱缬（zhòu xié）着，像少妇拖着的裙幅；她滑滑的明亮着，像涂了“明油”一般，有鸡蛋清那样软，那样嫩；她又不杂些尘滓（chén zǐ），宛然一块温润的碧玉，只清清的一色——但你却看不透她！

我曾见过北京什刹海（Shí chà hǎi）拂地（fú dì）的绿杨，脱不了鹅黄的底子（dǐ zi），似乎太淡了。我又曾见过杭州虎跑寺（Hǔ páo sì）近旁高峻而深密的“绿壁”，丛叠着无穷的碧草与绿叶的，那又似乎太浓了。其余呢，西湖的波太明了，秦淮河的也太暗了。可爱的，我将什么来比拟（bǐ nǐ）你呢？我怎么比拟得出呢？大约潭是很深的，故能蕴蓄（yùn xù）着这样奇异的绿；仿佛蔚蓝的天融了一块在里面似的，这才这般的鲜润啊（na）。

那醉人的绿呀！我若能裁你以为带，我将赠给那轻盈的//舞女，她必能临风飘举了。我若能挹（yì）你以为眼，我将赠给那善歌的盲妹，她必能明眸善睐（míng móu shàn lài）了。我舍不得（shě bu dé）你；我怎舍得（shě de）你呢？我用手拍着你，抚摩（fǔ mó）着你，如同一个十二三岁的小姑娘。我又掬（jū）你入口，便是吻着她了。我送你一个名字（míng zi），我从此叫你“女儿绿”，好吗？

第二次到仙岩的时候，我不禁（bù jīn）惊诧（jīng chà）于梅雨潭的绿了。

——节选自朱自清《绿》

作品 26 号——《落花生》

《落花生》

我们家的后园有半亩空地（kòng dì），母亲说：“让它荒着怪可惜的，你们那么爱吃花生，就开辟出来种花生吧。”我们姐弟几个都很高兴，买种（mǎi zhǒng），翻地，播种（bō zhǒng），浇水，没过几个月，居然收获了。

母亲说：“今晚我们过一个收获节，请你们父亲也来尝尝我们的新花生，好不好（hǎo bu hǎo）？”我们都说好。母亲把花生做成了好几样食品，还吩咐（fēn fù）就在后园的茅亭里过这个节。

晚上天色不太好，可是父亲也来了，实在很难得（nán dé）。

父亲说：“你们爱吃花生吗？”

我们争着答应（dā ying）：“爱！”

“谁能把花生的好处（hǎo chù）说出来？”

姐姐（jiě jie）说：“花生的味（wèr）美。”

哥哥（gē ge）说：“花生可以榨油。”

我说：“花生的价钱（jià qián）便宜（pián yi），谁都可以买来吃，都喜欢吃。这就是它的好处。”

父亲说：“花生的好处很多，有一样最可贵，它的果实埋在地里，不像桃子（táo zi）、石榴（shí liu）、苹果那样，把鲜红嫩绿的果实高高地挂在枝头上，使人一见就生爱慕之心。你们看它矮矮地长在地上，等到成熟了，也不能立刻分辨出来它有没有果实，必须挖出来才知道。”

我们都说是，母亲也点点头。

父亲接下去说：“所以你们要像花生，它虽然不好看，可是很有用，不是外表好看而没有实用的东西（dōng xi）。”

我说：“那么，人要做有用的人，不要做只讲体面（tǐ miàn），而对别人没有好处的人了。”//

父亲说：“对。这是我对你们的希望。”

我们谈到夜深才散。花生做的食品都吃完了，父亲的话却深深地印在我的心上。

——节选自许地山《落花生》

作品 27 号——《麻雀》

《麻雀》

我打猎归来，沿着花园的林荫（lín yīn）路走着。狗跑在我前边。

突然，狗放慢脚步，蹑足潜行（niè zú qián xíng），好像嗅（xiù）到了前边有什么野物。

我顺着林荫路望去，看见了一只嘴边还带黄色、头上生着柔毛的小麻雀（má què）。风猛烈地吹打着林荫路上的白桦树（bái huà shù），麻雀从巢里跌落下来，呆呆地伏在地上，孤立无援地张开两只羽毛还未丰满的小翅膀。

我的狗慢慢向它靠近。忽然，从附近一棵树上飞下一只黑胸脯（xiōng pú）的老麻雀，像一颗石子（shí zǐ）似的（shì de）落到狗的跟前。老麻雀全身倒竖（dào shù）着羽毛，惊恐万状，发出绝望、凄惨的叫声，接着向露出（lù chū）牙齿、大张着的狗嘴扑去。

老麻雀是猛扑下来救护幼雀的。它用身体掩护着自己的幼儿（yòu'ér）……但它整个小小的身体因恐怖而战栗（zhàn lì）着，它小小的声音也变得粗暴嘶哑，它在牺牲自己！

在它看来，狗该是多么庞大的怪物啊（wa）！然而它还是不能站在自己高高的、安全的树枝上……一种比它的理智更强烈的力量，使它从那儿（nàr）扑下身来。

我的狗站住了，向后退了退……看来，它也感到了这种力量。

我赶紧唤住惊惶失措的狗，然后我怀着崇敬（chóng jìng）的心情，走开了。

是啊（ra），请不要见笑。我崇敬那只小小的、英勇的鸟儿（niǎo'ér），我崇敬它那种爱的冲动和力量。

爱，我//想，比死和死的恐惧更强大。只有依靠它，依靠这种爱，生命才能维持下去，发展下去。

——节选自［俄］屠格涅夫《麻雀》，巴金译

作品 28 号——《迷途笛音》

《迷途笛音》

那年我六岁。离我家仅一箭之遥的小山坡旁，有一个早已被废弃的采石场，双亲从来不准我去那儿（nàr），其实那儿风景十分迷人。

一个夏季的下午，我随着一群小伙伴偷偷上那儿去了。就在我们穿越了一条孤寂的小路后，他们却把我一个人留在原地，然后奔（bēn）向“更危险的地带”了。

等他们走后，我惊慌失措（jīng huāng shī cuò）地发现，再也找不到要回家的那条孤寂的小道了。像只无头的苍蝇（cāng ying），我到处乱钻，衣裤上挂满了芒刺。太阳已经落山，而此时此刻，家里一定开始吃晚餐了，双亲正盼着我回家……想着想着，我不由得（bù yóu de）背靠着一棵树，伤心地呜呜大哭起来……

突然，不远处传来了声声柳笛。我像找到了救星，急忙循声（xún shēng）走去。一条小道边的树桩上坐着一位吹笛人，手里还正削（xiāo）着什么。走近细看，他不就是被大家称为“乡巴佬儿（xiāng ba lǎor）”的卡廷（Kǎ tíng）吗？

“你好，小家伙儿（xiǎo jiā huor），”卡廷说，“看天气多美，你是出来散步的吧？”

我怯生生地点点头，答道：“我要回家了。”

“请耐心等上几分钟，”卡廷说，“瞧，我正在削一支柳笛，差不多就要做好了，完工后就送给你吧！”

卡廷边削边不时把尚未成形的柳笛放在嘴里试吹一下。没过多久，一支柳笛便递到我手中。我俩在一阵阵清脆悦耳的笛音//中，踏上了归途……

当时，我心中只充满感激，而今天，当我自己也成了祖父时，却突然领悟到他用心之良苦！那天当他听到我的哭声时，便判定我一定迷了路，但他并不想在孩子面前扮演“救星”的角色（jué sè），于是吹响柳笛以便让我能发现他，并跟着他走出困境！就这样，卡廷先生（xiān sheng）以乡下人（xiāng xia rén）的纯朴，保护了一个小男孩儿（xiǎo nán hár）强烈的自尊。

——节选自唐若水译《迷途笛音》

作品 29 号——《莫高窟》

在浩瀚无垠（wú yín）的沙漠里，有一片美丽的绿洲，绿洲里藏着一颗闪光的珍珠。这颗珍珠就是敦煌莫高窟。它坐落在我国甘肃省敦煌市三危山和鸣沙山的怀抱中。

《莫高窟》

鸣沙山东麓（dōng lù）是平均高度为十七米的崖壁。在一千六百多米长的崖壁上，凿（záo）有大小洞窟七百余个，形成了规模宏伟的石窟群。其中四百九十二个洞窟中，共有彩色塑像（sù xiàng）两千一百余尊，各种壁画共四万五千多平方米。莫高窟是我国古代无数艺术匠师留给人类的珍贵文化遗产。

莫高窟的彩塑，每一尊都是一件精美的艺术品。最大的有九层楼那么高，最小的还不如一个手掌大。这些彩塑个性鲜明，神态各异。有慈眉善目的菩萨（pú sà），有威风凛凛（wēi fēng lǐn lǐn）的天王，还有强壮勇猛的力士……

莫高窟壁画的内容丰富多彩，有的是描绘古代劳动人民打猎、捕鱼、耕田、收割的情景，有的是描绘人们奏乐、舞蹈、演杂技的场面，还有的是描绘大自然的美丽风光。其中最引人注目的是飞天。壁画上的飞天，有的臂挎花篮，采摘鲜花；有的反弹琵琶（pí pa），轻拨银弦；有的倒悬身子（shēn zi），自天而降；有的彩带飘拂，漫天遨游（áo yóu）；有的舒展着双臂，翩翩起舞（piān piān qǐ wǔ）。看着这些精美动人的壁画，就像走进了//灿烂辉煌的艺术殿堂。

莫高窟里还有一个面积（miàn jī）不大的洞窟——藏经洞。洞里曾藏有我国古代的各种经卷、文书、帛画（bó huà）、刺绣、铜像等共六万多件。由于清朝政府腐败无能，大量珍贵的文物被外国强盗掠走。仅存的部分经卷，现在陈列于北京故宫等处。

莫高窟是举世闻名的艺术宝库。这里的每一尊彩塑、每一幅壁画、每一件文物，都是中国古代人民智慧的结晶。

——节选自小学《语文》第六册中《莫高窟》

作品 30 号——《牡丹的拒绝》

《牡丹的拒绝》

其实你在很久以前并不喜欢牡丹（mǔ dān），因为它总被人作为富贵膜拜。后来你目睹了一次牡丹的落花，你相信所有的人都会为（wèi）之感动：一阵清风徐来，娇艳鲜嫩的盛期牡丹忽然整朵整朵地坠落（zhuì luò），铺撒（pū sǎ）一地绚丽（xuàn lì）的花瓣。那花瓣落地时依然鲜艳夺目，如同一只奉上祭坛的大鸟脱落的羽毛，低吟着壮烈的悲歌离去。

牡丹没有花谢花败之时，要么烁于（shuò yú）枝头，要么归于泥土，它跨越委顿（wěi dùn）和衰老，由青春而死亡，由美丽而消遁（xiāo dùn）。它虽美却不吝惜（lìn xī）生命，即使（jí shǐ）告别也要展示给人最后一次的惊心动魄。

所以在这阴冷的四月里，奇迹不会发生。任凭游人扫兴和诅咒，牡丹依然安之若素（ān zhī ruò sù）。它不苟且（gǒu qiě）、不俯就、不妥协、不媚俗，甘愿自己冷落自己。它遵循自己的花期、自己的规律，它有权利为自己选择每年一度的盛大节日。它为什么不拒绝寒冷？

天南海北的看花人，依然络绎不绝（luò yì bù jué）地涌入洛阳城。人们不会因牡丹的拒绝而拒绝它的美。如果它再被贬谪（biǎn zhé）十次，也许它就会繁衍（fán yǎn）出十个洛阳牡丹城。

于是你在无言的遗憾中感悟到，富贵与高贵只是一字之差（chā）。同人一样，花儿（huā'ér）也是有灵性的，更有品位之高低。品位这东西为（wéi）气为魂为//筋骨为神韵，只可意会。你叹服牡丹卓尔不群（zhuó ěr bù qún）之姿，方知品位是多么（duō me）容易被世人忽略或是漠视的美。

——节选自张抗抗《牡丹的拒绝》

作品 31 号——《“能吞能吐”的森林》

《“能吞能吐”的森林》

森林涵养水源，保持水土，防止水旱灾害的作用非常大。据专家测算，一片十万亩面积的森林，相当于一个两百万立方米的水库，这正如农谚所说的：“山上多栽树，等于修水库。雨多它能吞，雨少它能吐。”

说起森林的功劳，那还多得很。它除了（chú le）为人类提供（tí gōng）木材及许多种生产、生活的原料之外，在维护生态环境方面也是功劳卓著（zhuó zhù），它用另一种“能吞能吐”的特殊功能孕育了人类。因为地球在形成之初，大气中的二氧化碳（èr yǎng huà tàn）含量很高，氧气很少，气温也高，生物是难以生存的。大约在四亿年之前，陆地才产生了森林。森林慢慢将大气中的二氧化碳吸收，同时吐出新鲜氧气，调节气温：这才具备了人类生存的条件，地球上才最终有了人类。

森林，是地球生态系统的主体，是大自然的总调度室（diào dù shì），是地球的绿色之肺。森林维护地球生态环境的这种“能吞能吐”的特殊功能是其他任何物体都不能取代的。然而，由于地球上的燃烧物增多，二氧化碳的排放量急剧增加，使得地球生态环境急剧恶化，主要表现为全球气候（qì hòu）变暖，水分蒸发加快，改变了气流的循环，使气候变化加剧，从而引发热浪、飓风（jù fēng）、暴雨、洪涝及干旱。

为了//使地球的这个“能吞能吐”的绿色之肺恢复健壮，以改善生态环境，抑制全球变暖，减少水旱等自然灾害，我们应该大力造林、护林，使每一座荒山都绿起来。

——节选自《中考语文课外阅读试题精选》中《“能吞能吐”的森林》

作品 32 号——《朋友和其他》

朋友（péng you）即将远行。

暮春时节，又邀了几位朋友在家小聚。虽然都是极熟的朋友，却是终年难得一见，偶尔电话里相遇，也无非是几句寻常话。一锅小米稀饭，一碟大头菜，一盘自家酿制（niàng zhì）的泡菜，一只巷口买回的烤鸭，简简单单，不像请客，倒像家人团聚。

《朋友和其他》

其实，友情也好，爱情也好，久而久之都会转化为亲情。

说也奇怪，和新朋友会谈文学、谈哲学、谈人生道理等等，和老朋友却只话家常，柴米油盐，细细碎碎，种种琐事。很多时候（shí hou），心灵的契合（qì hé）已经不需要太多的言语来表达。

朋友新烫了个头，不敢回家见母亲，恐怕惊骇（jīng hài）了老人家（lǎo rén jiā），却欢天喜地来见我们，老朋友颇能以一种趣味性的眼光欣赏这个改变。

年少的时候，我们差不多（chà bu duō）都在为别人而活，为苦口婆心的父母活，为循循善诱（xún xún shàn yòu）的师长活，为许多观念、许多传统的约束力而活。年岁逐增，渐渐挣脱（zhèng tuō）外在的限制与束缚（shù fù），开始懂得为自己活，照自己的方式做一些自己喜欢的事，不在乎（zài hu）别人的批评意见，不在乎别人的诋毁流言，只在乎那一份随心所欲的舒坦（shū tan）自然。偶尔，也能够纵容自己放浪一下，并且有一种恶作剧的窃喜。

就让生命顺其自然，水到渠成吧，犹如窗前的//乌桕（wū jiù），自生自落之间，自有一份圆融丰满的喜悦。春雨轻轻落着，没有诗，没有酒，有的只是一份相知相属（xiāng zhǔ）的自在（zì zài）自得。

夜色在笑语中渐渐沉落，朋友起身告辞，没有挽留，没有送别，甚至也没有问归期。

已经过了大喜大悲的岁月，已经过了伤感流泪的年华，知道了聚散原来是这样的自然和顺理成章，懂得这点，便懂得珍惜每一次相聚的温馨，离别便也欢喜。

——节选自杏林子《朋友和其他》

作品 33 号——《散步》

《散步》

我们在田野散步：我，我的母亲，我的妻子（qī zi）和儿子（ér zi）。

母亲本不愿出来的。她老了，身体不好，走远一点儿就觉得很累。我说，正因为如此，才应该（yīng gāi）多走走。母亲信服地点点头，便去拿外套。她现在很听我的话，就像我小时候很听她的话一样。

这南方初春的田野，大块小块的新绿随意地铺（pū）着，有的浓，有的淡，树上的嫩芽（nèn yá）也密了，田里的冬水也咕咕地起着水泡。这一切都使人想着一样东西——生命。

我和母亲走在前面，我的妻子和儿子走在后面。小家伙突然叫起来：“前面是妈妈和儿子，后面也是妈妈和儿子。”我们都笑了。

后来发生了分歧：母亲要走大路，大路平顺；我的儿子要走小路，小路有意思（yì si）。不过，一切都取决于我。我的母亲老了，她早已习惯听从她强壮的儿子；我的儿子还小，他还习惯听从他高大的父亲；妻子呢，在外面，她总是听我的。一霎时（shà shí）我感到了责任的重大。我想找一个两全的办法，找不出；我想拆散一家人，分成两路，各得其所，终不愿意。我决定委屈（wěi qu）儿子，因为我伴同他的时日还长。我说：“走大路。”

但是母亲摸摸孙儿（sūn'ér）的小脑瓜儿，变了主意（zhǔ yi）：“还是走小路吧。”她的眼随小路望去：那里有金色的菜花，两行整齐的桑树，//尽头一口水波粼粼（lín lín）的鱼塘。“我走不过去的地方（dì fang），你就背着我。”母亲对我说。

这样，我们在阳光下，向着那菜花、桑树和鱼塘走去。到了一处，我蹲下来，背起了母亲；妻子也蹲下来，背起了儿子。我和妻子都是慢慢地，稳稳地，走得很仔细，好像我背上的同她背上的加起来，就是整个世界。

——节选自莫怀戚（qī）《散步》

作品34号——《神秘的“无底洞”》

《神秘的“无底洞”》

地球上是否真的存在“无底洞”？按说地球是圆的，由地壳（dì qiào）、地幔（dì màn）和地核三层组成，真正的“无底洞”是不应存在的，我们所看到的各种山洞、裂口、裂缝，甚至火山口也都只是地壳浅部的一种现象。然而中国一些古籍却多次提到海外有个深奥莫测的无底洞。事实上地球上确实有这样一个“无底洞”。

它位于希腊亚各斯古城的海滨。由于濒临（bīn lín）大海，大涨潮时，汹涌的海水便会排山倒海般地涌入洞中，形成一股湍湍（tuān tuān）的急流。据测，每天流入洞内的海水量达三万多吨（dūn）。奇怪的是，如此大量的海水灌入洞中，却从来没有把洞灌满。曾有人怀疑，这个“无底洞”，会不会就像石灰岩地区的漏斗、竖井、落水洞一类的地形。然而从二十世纪三十年代以来，人们就做了多种努力企图寻找它的出口，却都是枉费心机（wǎng fèi xīn jī）。

为了揭开这个秘密，一九五八年美国地理学会派出一支考察队，他们把一种经久不变的带色染料溶解在海水中，观察染料是如何随着海水一起沉下去。接着又察看了附近海面以及岛上的各条河、湖，满怀希望地寻找这种带颜色的水，结果令人失望。难道是海水量太大把有色水稀释得太淡，以致无法发现？//

至今谁也不知道为什么这里的海水会没完没了（méi wán méi liǎo）地“漏”下去，这个“无底洞”的出口又在哪里，每天大量的海水究竟都流到哪里去了？

——节选自［美］罗伯特·罗威尔《神秘的“无底洞”》

作品 35 号——《世间最美的坟墓》

《世间最美的坟墓》

我在俄国见到的景物再没有比托尔斯泰墓更宏伟、更感人的。

完全按照托尔斯泰的愿望，他的坟墓成了世间最美的，给人印象最深刻的坟墓。它只是树林中的一个小小的长方形土丘，上面开满鲜花——没有十字架，没有墓碑，没有墓志铭，连托尔斯泰这个名字也没有。

这个比谁都感到受自己的声名所累（lěi）的伟人，却像偶尔（óu'ěr）被发现的流浪汉，不为（wéi）人知的士兵，不留名姓地被人埋葬了。谁都可以踏进他最后的安息地，围在四周的稀疏的木栅栏（zhà lan）是不关闭的——保护列夫·托尔斯泰得以安息的没有任何别的东西，唯有人们的敬意；而通常，人们却总是怀着好奇，去破坏伟人墓地的宁静。

这里，逼人的朴素禁锢（jìn gù）住任何一种观赏的闲情，并且不容许你大声说话。风儿（fēng'ér）俯临，在这座无名者之墓的树木之间飒飒（sà sà）响着，和暖（hé nuǎn）的阳光在坟头（fén tóu）嬉戏；冬天，白雪温柔地覆盖这片幽暗的土地。无论你在夏天或冬天经过这儿，你都想象不到，这个小小的、隆起的长方体里安放着一位当代最伟大的人物。

然而，恰恰是这座不留姓名的坟墓，比所有挖空心思（xīn si）用大理石和奢华装饰建造的坟墓更扣人心弦（xián）。在今天这个特殊的日子里，//到他的安息地来的成百上千人中间，没有一个有勇气，哪怕仅仅从这幽暗的土丘上摘下一朵花留作纪念。人们重新感到，世界上再没有比托尔斯泰最后留下的、这座纪念碑式的朴素坟墓，更打动人心的了。

——节选自［奥］茨威格《世间最美的坟墓》，张厚仁译

作品 36 号——《苏州园林》

《苏州园林》

我国的建筑，从古代的宫殿到近代的一般住房，绝大部分（bù fen）是对称（duì chèn）的，左边怎么样，右边怎么样。苏州园林可绝不讲究（jiǎng jiū）对称，好像故意避免似的（shì de）。东边有了一个亭子或者一道回廊，西边决不会来一个同样的亭子或者一道同样的回廊。这是为什么？我想，用图画来比方（bǐ fang），对称的建筑是图案画，不是美术画，而园林是美术画，美术画要求自然之趣，是不讲究对称的。

苏州园林里都有假山和池沼（chí zhǎo）。

假山的堆叠，可以说是一项艺术而不仅是技术。或者是重峦叠嶂（chóng luán dié zhàng），或者是几座小山配合着竹子花木，全在乎（zài hu）设计者和匠师们生平多阅历，胸中有丘壑（qiū hè），才能使游览者攀登的时候忘却苏州城市，只觉得身在山间。

至于池沼，大多引用活水。有些园林池沼宽敞（kuān chǎng），就把池沼作为全园的中心，其他景物配合着布置。水面假如成河道模样（mú yàng），往往安排桥梁。假如安排两座以上的桥梁，那就一座一个样，决不雷同。

池沼或河道的边沿很少砌齐整（qí zhěng）的石岸，总是高低屈曲任其自然。还在那儿（nàr）布置几块玲珑的石头（shí tou），或者种些花草。这也是为了取得从各个角度看都成一幅画的效果。池沼里养着金鱼或各色鲤鱼，夏秋季节荷花或睡莲开//放，游览者看“鱼戏莲叶间”，又是入画的一景。

——节选自叶圣陶《苏州园林》

作品 37 号——《态度创造快乐》

《态度创造快乐》

一位访美中国女作家，在纽约遇到一位卖花的老太太（lǎo tài tai）。老太太穿着（chuān zhuó）破旧，身体虚弱，但脸上的神情却是那样祥和兴奋（xīng fèn）。女作家挑了一朵花说：“看起来，你很高兴。”老太太面带微笑地说：“是的，一切都这么美好，我为什么不高兴呢？”“对烦恼，你倒真能看得开。”女作家又说了一句。没料到，老太太的回答更令女作家大吃一惊：“耶稣在星期五被钉（dìng）上十字架时，是全世界最糟糕的一天，可三天后就是复活节。所以，当我遇到不幸时，就会等待三天，这样一切就恢复正常了。”

“等待三天”，多么富于哲理的话语，多么乐观的生活方式。它把烦恼和痛苦抛下，全力去收获快乐。

沈从文在“文革”期间，陷入了非人的境地。可他毫不在意，他在咸宁时给他的表侄、画家黄永玉写信说：“这里的荷花真好，你若来……”身陷苦难却仍为（wèi）荷花的盛开欣喜赞叹不已，这是一种趋于澄明（chéng míng）的境界，一种旷达洒脱（sǎ tuō）的胸襟，一种面临磨难坦荡从容的气度，一种对生活童子（tóng zǐ）般的热爱和对美好事物无限向往的生命情感。

由此可见，影响一个人快乐的，有时并不是困境及磨难，而是一个人的心态。如果把自己浸泡在积极、乐观、向上的心态中，快乐必然会//占据你的每一天。

——节选自韩如意《态度创造快乐》

作品 38 号——《泰山极顶》

泰山极顶看日出，历来被描绘成十分壮观的奇景。有人说：登泰山而看不到日出，就像一出大戏没有戏眼，味儿（wèr）终究有点儿（diǎr）寡淡。

我去爬山那天，正赶上个难得的好天，万里长空，云彩（yún cai）丝儿都不见。素常，烟雾腾腾的山头，显得眉目分明。同伴们都欣喜地说：“明天早晨准可以看见日出了。”我也是抱着这种想头（xiǎng tou），爬上山去。

《泰山极顶》

一路从山脚往上爬，细看山景，我觉得挂在眼前的不是五岳独尊的泰山，却像一幅规模惊人的青绿山水画，从下面倒（dào）展开来。在画卷中最先露出（lù chū）的是山根底那座明朝建筑岱宗坊（Dài zōng fāng），慢慢地便现出王母池、斗母宫（Dǒu mǔ gōng）、经石峪。山是一层比一层深，一叠比一叠奇，层层叠叠，不知还会有多深多奇。万山丛中，时而点染着极其工细的人物。王母池旁的吕祖殿里有不少尊明塑（sù），塑着吕洞宾等一些人，姿态神情是那样有生气，你看了，不禁（bù jīn）会脱口赞叹说："活啦。"

画卷继续展开，绿阴森森的柏洞露面（lòu miàn）不太久，便来到对松山。两面奇峰对峙（duì zhì）着，满山峰都是奇形怪状的老松，年纪怕都上千岁了，颜色竟那么浓，浓得好像要流下来似的。来到这儿你不妨权当（quán dàng）一次画里的写意人物，坐在路旁的对松亭里，看看山色，听听流//水和松涛。一时间，我又觉得自己不仅是在看画卷，却又像是在零零乱乱翻着一卷历史稿本。

——节选自杨朔《泰山极顶》

作品 39 号——《陶行知的"四块糖果"》

《陶行知的"四块糖果"》

育才小学校长陶行知在校园看到学生王友用泥块砸自己班上的同学，陶行知当即喝止（hè zhǐ）了他，并令他放学后到校长室去。无疑，陶行知是要好好教育这个"顽皮"的学生。那么他是如何教育的呢？

放学后，陶行知来到校长室，王友已经等在门口准备挨（ái）训了。可一见面，陶行知却掏出一块糖果送给王友，并说："这是奖给你的，因为你按时来到这里，而我却迟到了。"王友惊疑地接过糖果。

随后，陶行知又掏出一块糖果放到他手里，说："这第二块糖果也是奖给你的，因为当我不让你再打人时，你立即就住手了，这说明你很尊重我，我应该奖你。"王友更惊疑了，他眼睛睁得大大的。

陶行知又掏出第三块糖果塞到王友手里，说："我调查过了，你用泥块砸那些男生，是因为他们不守游戏规则，欺负女生；你砸他们，说明你很正直善良，且有批评不良行为的勇气，应该奖励你啊（ya）！"王友感动极了，他流着眼泪后悔地喊道："陶……陶校长你打我两下吧！我砸的不是坏人，而是自己的同学啊（ya）……"

陶行知满意地笑了，他随即掏出第四块糖果递给王友，说："为你正确地认识错误，我再奖给你一块糖果，只可惜我只有这一块糖果了。我的糖果//没有了，我看我们的谈话也该结束了吧！"说完，就走出了校长室。

——节选自《教师博览·百期精华》中《陶行知的"四块糖果"》

作品 40 号——《提醒幸福》

《提醒幸福》

享受幸福是需要学习的，当它即将（jí jiāng）来临的时刻需要提醒。人可以自然而然地学会感官（gǎn guān）的享乐，却无法天生地掌握幸福的韵律（yùn lǜ）。灵魂的快意同器官的舒适像一对孪生（luán shēng）兄弟，时而相傍相依，时而南辕北辙（nán yuán běi zhé）。

幸福是一种心灵的震颤。它像会倾听音乐的耳朵一样，需要不断地训练。

简而言之，幸福就是没有痛苦的时刻。它出现的频率（pín lǜ）并不像我们想象的那样少。人们常常只是在幸福的金马车已经驶过去很远时，才捡起地上的金鬃（zōng）毛说，原来我见过它。

人们喜爱回味幸福的标本，却忽略它披着露水（lù shuǐ）散发清香的时刻。那时候我们往往步履（bù lǚ）匆匆，瞻前顾后（zhān qián gù hòu）不知在忙着什么。

世上有预报台风的，有预报蝗灾的，有预报瘟疫的，有预报地震的。没有人预报幸福。

其实幸福和世界万物一样，有它的征兆（zhēng zhào）。

幸福常常是朦胧（méng lóng）的，很有节制地向我们喷洒甘霖。你不要总希望轰轰烈烈的幸福，它多半只是悄悄地扑面而来。你也不要企图把水龙头拧（nǐng）得更大，那样它会很快地流失。你需要静静地以平和之心，体验它的真谛（zhēn dì）。

幸福绝大多数是朴素的。它不会像信号弹似的，在很高的天际闪烁红色的光芒。它披着本色的外//衣，亲切温暖地包裹起我们。

幸福不喜欢喧嚣（xuān xiāo）浮华，它常常在暗淡中降临。贫困中相濡以沫（xiāng rú yǐ mò）的一块糕饼，患难中心心相印的一个眼神，父亲一次粗糙（cū cāo）的抚摸，女友一张温馨的字条……这都是千金难买的幸福啊（wa）。像一粒粒缀在旧绸子上的红宝石，在凄凉中愈发熠熠（yì yì）夺目。

——节选自毕淑敏《提醒幸福》

作品 41 号——《天才的造就》

《天才的造就》

在里约热内卢的一个贫民窟里，有一个男孩子，他非常喜欢足球，可是又买不起，于是就踢塑料盒（sù liào hér），踢汽水瓶，踢从垃圾箱里拣来的椰子壳（yē zi kér）。他在胡同（hú tòng）里踢，在能找到的任何一片空地上踢。

有一天，当他在一处干涸（gān hé）的水塘里猛踢一个猪膀胱（páng guāng）时，被一位足球教练看见了。他发现这个男孩儿踢得很像是那么回事，就主动提出要送给他一个足球。小男孩儿得到足球后踢得更卖劲儿（mài jìer）了。不久，他就能准确地把球踢进远处随意摆放的一个水桶里。

圣诞节到了，孩子的妈妈说："我们没有钱买圣诞礼物送给我们的恩人，就让我们为他祈祷（qí dǎo）吧。"

小男孩儿跟随妈妈祈祷完毕，向妈妈要了一把铲子便跑了出去。他来到一座别墅前的花园里，开始挖坑。

就在他快要挖好坑的时候，从别墅（bié shù）里走出一个人来，问小孩儿在干什么，孩子抬起满是汗珠的脸蛋儿，说："教练，圣诞节到了，我没有礼物送给您，我愿给您的圣诞树挖一个树坑。"

教练把小男孩儿从树坑里拉上来，说，我今天得到了世界上最好的礼物。明天你就到我的训练场去吧。

三年后，这位十七岁的男孩儿在第六届足球锦标赛上独进二十一球，为巴西第一次捧回了金杯。一个原//来不为（wéi）世人所知的名字——贝利，随之传遍世界。

——节选自刘燕敏《天才的造就》

作品 42 号——《我的母亲独一无二》

记得我十三岁时，和母亲住在法国东南部的耐斯城。母亲没有丈夫，也没有亲戚（qīn qi），够清苦的，但她经常能拿出令人吃惊的东西，摆在我面前。她从来不吃肉，一再说自己是素食者。然而有一天，我发现母亲正仔细地用一小块碎面包擦那给我煎牛排用的油锅。我明白（míng bai）了她称自己为（wéi）素食者的真正原因。

《我的母亲独一无二》

我十六岁时，母亲成了耐斯市美蒙旅馆的女经理。这时，她更忙碌了。一天，她瘫在椅子上，脸色苍白，嘴唇发灰。马上找来医生，做出诊断：她摄取（shè qǔ）了过多的胰岛素。直到这时我才知道母亲多年一直对我隐瞒的疾痛（jí tòng）——糖尿病。

她的头歪向枕头一边，痛苦地用手抓挠（zhuā nao）胸口。床架上方，则挂着一枚我一九三二年赢得耐斯市少年乒乓球（pīng pāng qiú）冠军的银质奖章。

啊，是对我的美好前途的憧憬（chōng jǐng）支撑着她活下去，为了给她那荒唐的梦至少加一点真实的色彩，我只能继续努力，与时间竞争，直至一九三八年我被征入空军。巴黎很快失陷，我辗转调到英国皇家空军。刚到英国就接到了母亲的来信。这些信是由在瑞士的一个朋友秘密地转到伦敦，送到我手中的。

现在我要回家了，胸前佩戴着醒目的绿黑两色的解放十字绶//带（shòu dài），上面挂着五六枚我终身难忘的勋章，肩上还佩戴着军官肩章。到达旅馆时，没有一个人跟我打招呼。原来，我母亲在三年半以前就已经离开人间了。

在她死前的几天中，她写了近二百五十封信，把这些信交给她在瑞士的朋友，请这个朋友定时寄给我。就这样，在母亲死后的三年半的时间里，我一直从她身上吸取着力量和勇气——这使我能够继续战斗到胜利那一天。

——节选自（法）罗曼·加里《我的母亲独一无二》

作品 43 号——《我的信念》

《我的信念》

生活对于任何人都非易事，我们必须有坚韧不拔的精神（jīng shén）。最要紧的，还是我们自己要有信心。我们必须相信，我们对每一件事情都具有天赋的才能，并且，无论付出任何代价，都要把这件事完成。当事情（shì qing）结束的时候，你要能问心无愧地说："我已经尽（jìn）我所能了。"

有一年的春天，我因病被迫在家里休息数周。我注视着我的女儿们所养的蚕正在结茧（jié jiǎn），这使我很感兴趣。望着这些蚕执著（zhí zhuó）地、勤奋地工作，我感到和它们非常相似（xiāng sì）。像它们一样，我总是耐心地把自己的努力集中在一个目标上。我之所以如此，或许是因为有某种力量在鞭策着我——正如蚕被鞭策着去结茧一般。

近五十年来，我致力于科学研究，而研究，就是对真理的探讨。我有许多美好快乐的记忆。少女时期我在巴黎大学，孤独地过着求学的岁月；在后来献身科学的整个时期，我丈夫和我专心致志，像在梦幻中一般，坐在简陋（jiǎn lòu）的书房里艰辛地研究，后来我们就在那里发现了镭（léi）。

我永远追求安静的工作和简单的家庭生活。为了实现这个理想，我竭力保持宁静的环境，以免受人事的干扰和盛名的拖累（tuō lěi）。

我深信，在科学方面我们有对事业而不//是对财富的兴趣。我的唯一奢望（shē wàng）是在一个自由国家中，以一个自由学者的身份从事研究工作。

我一直沉醉于世界的优美之中，我所热爱的科学也不断增加它崭新的远景。我认定科学本身就具有伟大的美。

——节选自［波兰］玛丽·居里《我的信念》，剑捷译

作品44号——《我为什么当教师》

《我为什么当教师》

我为什么非要教书不可？是因为（yīn wèi）我喜欢（xǐ huan）当教师的时间安排表和生活节奏。七、八、九三个月给我提供（tí gōng）了进行回顾、研究、写作的良机，并将三者有机融合，而善于回顾、研究和总结正是优秀教师素质中不可缺少的成分。

干这行给了我多种多样的“甘泉”去品尝，找优秀的书籍去研读，到“象牙塔”和实际世界里去发现。教学工作给我提供了继续学习的时间保证，以及多种途径、机遇和挑战。

然而，我爱这一行的真正原因，是爱我的学生。学生们在我的眼前成长、变化。当教师意味着亲历“创造”过程的发生——恰似亲手赋予（fù yǔ）一团泥土以生命，没有什么比目睹它开始呼吸更激动人心的了。

权利我也有了：我有权利去启发诱导，去激发智慧的火花，去问费心思考的问题，去赞扬回答的尝试，去推荐书籍，去指点迷津（mí jīn）。还有什么别的权利能与之相比呢？

而且，教书还给我金钱和权利之外的东西，那就是爱心。不仅有对学生的爱，对书籍的爱，对知识的爱，还有老师才能感受到的对“特别”学生的爱。这些学生，有如冥顽不灵（míng wán bù líng）的泥块，由于接受了老师的炽爱（chì'ài）才勃发了生机。

所以，我爱教书，还因为，在那些勃发生机的“特别”学//生身上，我有时发现自己和他们呼吸相通，忧乐与共。

——节选自［美］彼得·基·贝得勒《我为什么当教师》

作品45号——《西部文化和西部开发》

《西部文化和西部开发》

中国西部我们通常是指黄河与秦岭相连一线以西，包括西北和西南的十二个省、市、自治区。这块广袤（guǎng mào）的土地面积（miàn jī）为五百四十六万平方公里，占国土总面积的百分之五十七；人口二点八亿，占全国总人口的百分之二十三。

西部是华夏文明的源头。华夏祖先的脚步是顺着水边走的：长江上游出土过元谋人牙齿化石，距今约一百七十万年；黄河中游出土过蓝田人头盖骨，距今约七十万年。这两处古人类都比距今约五十万年的北京猿人资格更老。

西部地区是华夏文明的重要发源地。秦皇汉武以后，东西方文化在这里交汇融合，从而有了丝绸之路的驼铃声声，佛院深寺的暮鼓晨钟（mù gǔ chén zhōng）。敦煌莫高窟是世界文化史上的一个

奇迹，它在继承汉晋艺术传统的基础上，形成了自己兼收并蓄（jiān shōu bìng xù）的恢宏气度，展现出精美绝伦的艺术形式和博大精深的文化内涵。秦始皇兵马俑、西夏王陵、楼兰古国、布达拉宫、三星堆、大足石刻等历史文化遗产，同样为（wéi）世界所瞩目，成为中华文化重要的象征。

西部地区又是少数民族及其文化的集萃地（jí cuì dì），几乎（jī hū）包括了我国所有的少数民族。在一些偏远的少数民族地区，仍（réng）保留//了一些久远时代的艺术品种，成为珍贵的“活化石”，如纳西古乐、戏曲、剪纸、刺绣、岩画等民间艺术和宗教艺术。特色鲜明、丰富多彩，犹如一个巨大的民族民间文化艺术宝库。

我们要充分重视和利用这些得天独厚的资源优势，建立良好的民族民间文化生态环境，为西部大开发做出贡献。

——节选自《中考语文课外阅读试题精选》中《西部文化和西部开发》

作品 46 号——《喜悦》

高兴，这是一种具体的被看得到摸得着（mō de zháo）的事物所唤起的情绪。它是心理的，更是生理的。它容易来也容易去，谁也不应该（yīng gāi）对它视而不见失之交臂，谁也不应该总是做那些使自己不高兴也使旁人不高兴的事。让我们说一件最容易做也最令人高兴的事吧，尊重你自己，也尊重别人，这是每一个人的权利，我还要说这是每一个人的义务。

《喜悦》

快乐，它是一种富有概括性的生存状态、工作状态。它几乎是先验的，它来自生命本身的活力，来自宇宙、地球和人间的吸引，它是世界的丰富、绚丽、阔大、悠久的体现。快乐还是一种力量，是埋在地下的根脉（gēn mài）。消灭一个人的快乐比挖掘（wā jué）掉一棵大树的根要难得多。

欢欣，这是一种青春的、诗意的情感。它来自面向着未来伸开双臂奔跑的冲力，它来自一种轻松而又神秘、朦胧而又隐秘的激动，它是激情即将到来的预兆，它又是大雨过后的比下雨还要美妙得多也久远得多的回味……

喜悦，它是一种带有形而上色彩的修养和境界。与其说它是一种情绪，不如说它是一种智慧、一种超拔、一种悲天悯人（bēi tiān mǐn rén）的宽容和理解，一种饱经沧桑的充实和自信，一种光明的理性，一种坚定//的成熟，一种战胜了烦恼和庸俗的清明澄澈（chéng chè）。它是一潭清水，它是一抹（mǒ）朝霞，它是无边的平原，它是沉默的地平线。多一点儿、再多一点儿喜悦吧，它是翅膀，也是归巢。它是一杯美酒，也是一朵永远开不败的莲花。

——节选自王蒙《喜悦》

作品 47 号——《香港：最贵的一棵树》

在湾仔（Wān zǎi），香港最热闹（rè nao）的地方（dì fang），有一棵榕树，它是最贵的一棵树，不光在香港，在全世界，都是最贵的。

树，活的树，又不卖，何言其贵？只因它老，它粗，是香港百年沧桑的活见证，香港人不忍看

《香港：最贵的一棵树》

着它被砍伐，或者被移走，便跟要占用这片山坡的建筑者谈条件：可以在这儿建大楼盖商厦，但一不准砍树，二不准挪树，必须把它原地精心养起来，成为香港闹市中的一景。太古大厦的建设者最后签了合同，占用这个大山坡建豪华商厦的先决条件是同意保护这棵老树。

树长在半山坡上，计划将树下面的成千上万吨山石全部掏空取走，腾出地方来盖楼。把树架在大楼上面，仿佛它原本是长在楼顶上似的。建设者就地造了一个直径十八米、深十米的大花盆，先固定好这棵老树，再在大花盆底下盖楼，光这一项就花了两千三百八十九万港币，堪称是最昂贵的保护措施了。

太古大厦落成之后，人们可以乘滚动扶梯一次到位，来到太古大厦的顶层。出后门，那儿是一片自然景色。一棵大树出现在人们面前，树干有一米半粗，树冠（shù guān）直径足有二十多米，独木成林，非常壮观，形成一座以它为中心的小公园，取名叫“榕圃”（Róng pǔ）。树前面//插着铜牌，说明缘由。此情此景，如不看铜牌的说明，绝对想不到巨树根底下还有一座宏伟的现代大楼。

——节选自舒乙《香港：最贵的一棵树》

作品 48 号——《鸟的天堂》

《鸟的天堂》

我们的船渐渐地逼近榕树了。我有机会看清它的真面目：是一棵大树，有数不清的丫枝，枝上又生根，有许多根一直垂到地上，伸进泥土里。一部分树枝垂到水面，从远处看，就像一棵大树斜躺在水面上一样。

现在正是枝繁叶茂的时节。这棵榕树好像在把它的全部生命力展示给我们看。那么多的绿叶，一簇（cù）堆在另一簇的上面，不留一点缝隙（fèng xì）。翠绿的颜色明亮地在我们的眼前闪耀，似乎每一片树叶上都有一个新的生命在颤动（chàn dòng），这美丽的南国的树！

船在树下泊（bó）了片刻，岸上很湿，我们没有上去。朋友说这里是“鸟的天堂”，有许多鸟在这棵树上做窝，农民不许人去捉它们。我仿佛听见几只鸟扑翅（chì）的声音，但是等到我的眼睛注意地看那里时，我却看不见一只鸟的影子。只有无数的树根立在地上，像许多根木桩。地是湿的，大概涨潮时河水常常冲上岸去。“鸟的天堂”里没有一只鸟，我这样想到。船开了，一个朋友拨（bō）着船，缓缓地流到河中间去。

第二天，我们划着船到一个朋友的家乡去，就是那个有山有塔的地方。从学校出发，我们又经过那“鸟的天堂”。

这一次是在早晨，阳光照在水面上，也照在树梢上。一切都//显得非常光明。我们的船也在树下泊了片刻。

起初周围非常清静。后来忽然起了一声鸟叫。我们把手一拍，便看见一只大鸟飞了起来，接着又看见第二只，第三只。我们继续拍掌，很快地这个树林就变得很热闹了。到处都是鸟声，到处都是鸟影。大的，小的，花的，黑的，有的站在枝上叫，有的飞起来，在扑翅膀。

——节选自巴金《鸟的天堂》

作品 49 号——《野草》

有这样一个故事（gù shi）。

有人问：世界上什么东西的气力（qì lì）最大？回答纷纭得很，有的说“象”，有的说“狮”，有人开玩笑似的说：是“金刚”，金刚有多少气力，当然大家全不知道。

《野草》

结果（jié guǒ），这一切答案完全不对，世界上气力最大的，是植物的种子（zhǒng zi）。一粒种子所可以显现出来的力，简直是超越一切。

人的头盖骨，结合得非常致密（zhì mì）与坚固，生理学家和解剖（jiě pōu）学者用尽了一切的方法，要把它完整地分出来，都没有这种力气。后来忽然有人发明了一个方法，就是把一些植物的种子放在要剖析的头盖骨里，给它以温度与湿度，使它发芽。一发芽，这些种子便以可怕的力量，将一切机械力（jī xiè lì）所不能分开的骨骼（gǔ gé），完整地分开了。植物种子的力量之大，如此如此。

这，也许特殊了一点儿，常人不容易理解。那么，你看见过笋的成长吗？你看见过被压在瓦砾和石块下面的一棵小草的生长吗？它为着向往阳光，为着达成它的生之意志，不管上面的石块如何重，石与石之间如何狭，它必定要曲曲折折（qū qū zhé zhé）地，但是顽强不屈地透到地面上来。它的根往土壤钻，它的芽往地面挺，这是一种不可抗拒的力，阻止它的石块，结果也被它掀翻，一粒种子的力量之大，如//此如此。

没有一个人将小草叫做“大力士”，但是它的力量之大，的确是世界无比。这种力，是一般人看不见的生命力。只要生命存在，这种力就要显现。上面的石块，丝毫不足以阻挡。因为它是一种“长期抗战”的力；有弹性，能屈能伸的力；有韧性，不达目的不止的力。

——节选自夏衍《野草》

作品 50 号——《一分钟》

《一分钟》

著名教育家班杰明曾经接到一个青年人的求救电话，并与那个向往成功、渴望指点的青年人约好了见面的时间和地点。

待那个青年如约而至时，班杰明的房门敞开着，眼前的景象却令青年人颇感意外——班杰明的房间里乱七八糟、狼藉（láng jí）一片。

没等青年人开口，班杰明就招呼道：“你看我这房间，太不整洁了，请你在门外等候一分钟，我收拾（shōu shi）一下，你再进来吧。”一边说着，班杰明就轻轻地关上了房门。

不到一分钟的时间，班杰明就又打开了房门并热情地把青年人让进客厅。这时，青年人的眼前展现出另一番景象——房间里的一切已变得井然有序，而且有两杯刚刚倒好的红酒，在淡淡的香水气息里还漾（yàng）着微波。

可是，没等青年人把满腹的有关人生和事业的疑难问题向班杰明讲出来，班杰明就非常客气（kè qi）地说道："干杯。你可以走了。"

青年人手持酒杯一下子愣住了，既尴尬（gān gà）又非常遗憾地说："可是，我……我还没向您请教呢……"

"这些……难道还不够吗？"班杰明一边微笑着一边扫视着自己的房间，轻言细语地说，"你进来又有一分钟了。"

"一分钟……一分钟……"青年人若有所思地说："我懂了，您让我明白了一分钟的时间可以做许//多事情，可以改变许多事情的深刻道理。"

班杰明舒心地笑了。青年人把杯里的红酒一饮而尽，向班杰明连连道谢后，开心地走了。

其实，把握好了生命的每一分钟，也就把握了理想的人生。

——节选自纪广洋《一分钟》

作品 51 号——《一个美丽的故事》

《一个美丽的故事》

有个塌鼻子的小男孩儿，因为两岁时得过脑炎，智力受损，学习起来很吃力。打个比方（bǐ fang），别人写作文能写二三百字，他却只能写三五行。但即便（jí biàn）这样的作文，他同样能写得很动人。

那是一次作文课，题目是《愿望》。他极其认真地想了半天，然后极认真地写，那作文极短。只有三句话：我有两个愿望，第一个是，妈妈天天笑眯眯地看着我说："你真聪明。"第二个是，老师天天笑眯眯地看着我说："你一点儿也不笨。"

于是，就是这篇作文，深深地打动了他的老师，那位妈妈式的老师不仅给了他最高分，在班上带感情朗读了这篇作文，还一笔一画地批道：你很聪明，你的作文写得非常感人，请放心，妈妈肯定会格外喜欢你的，老师肯定会格外喜欢你的，大家肯定会格外喜欢你的。

捧着作文本，他笑了，蹦蹦跳跳地回家了，像只喜鹊（xǐ què）。但他并没有把作文本拿给妈妈看，他是在等待，等待着一个美好的时刻。

那个时刻终于到了，是妈妈的生日——一个阳光灿烂的星期天：那天，他起得特别早，把作文本装在一个亲手做的美丽的大信封里，等着妈妈醒来。妈妈刚刚睁眼醒来，他就笑眯眯地走到妈妈跟前说："妈妈，今天是您的生日，我要//送给您一件礼物。"

果然，看着这篇作文，妈妈甜甜地涌出了两行热泪，一把搂住小男孩儿，搂得很紧很紧。是的，智力可以受损，但爱永远不会。

——节选自张玉庭《一个美丽的故事》

作品 52 号——《永远的记忆》

小学的时候，有一次我们去海边远足，妈妈没有做便饭，给了我十块钱买午餐。好像走了很久，很久，终于到海边了，大家坐下来便吃饭，荒凉的海边没有商店，我一个人跑到防风林外面去，级任老师要大家把吃剩的饭菜分给我一点儿。有两三个男生留下一点儿给我，还有一个女生，她的米饭拌了酱油，很香。我吃完的时候，她笑眯眯地看着我，短头发（tóu fa），脸圆圆的。

《永远的记忆》

她的名字叫翁香玉。

每天放学的时候，她走的是经过我们家的一条小路，带着一位比她小的男孩儿，可能是弟弟。小路边是一条清澈（qīng chè）见底的小溪，两旁竹阴覆盖，我总是远远地跟在她后面。夏日的午后特别炎热，走到半路她会停下来，拿手帕（shǒu pà）在溪水里浸湿（jìn shī），为小男孩儿擦脸。我也在后面停下来，把肮脏的手帕弄湿了擦脸，再一路远远跟着她回家。

后来我们家搬到镇上去了，过几年我也上了中学。有一天放学回家，在火车上，看见斜对面一位短头发、圆圆脸的女孩儿，一身素净（sù jing）的白衣黑裙。我想她一定不认识（rèn shi）我了。火车很快到站了，我随着人群挤向门口，她也走近了，叫我的名字（míng zi）。这是她第一次和我说话。

她笑眯眯的，和我一起走过月台。以后就没有再见过//她了。

这篇文章收在我出版的《少年心事》这本书里。

书出版后半年，有一天我忽然收到出版社转来的一封信，信封上是陌生的字迹，但清楚地写着我本名。

信里面说她看到了这篇文章心里非常激动，没想到在离开家乡，漂泊（piāo bó）异地这么久之后，会看见自己仍然在一个人的记忆里，她自己也深深记得这其中的每一幕，只是没想到越过遥远的时空，竟然另一个人也深深记得。

——节选自苦伶《永远的记忆》

作品 53 号——《语言的魅力》

《语言的魅力》

在繁华的巴黎大街的路旁，站着一个衣衫褴褛（lán lǚ）、头发斑白、双目失明的老人。他不像其他乞丐那样伸手向过路行人乞讨，而是在身旁立一块木牌，上面写着："我什么也看不见！"街上过往的行人很多，看了木牌上的字都无动于衷，有的还淡淡一笑，便姗姗（shān shān）而去了。

这天中午，法国著名诗人让·彼浩勒也经过这里。他看看木牌上的字，问盲老人："老人家，今天上午有人给你钱吗？"

盲老人叹息着回答："我，我什么也没有得到。"说着，脸上的神情非常悲伤。

让·彼浩勒听了，拿起笔悄悄地在那行字的前面添上了"春天到了，可是"几个字，就匆匆地离开了。

晚上，让·彼浩勒又经过这里，问那个盲老人下午的情况。盲老人笑着回答说："先生，不知为什么，下午给我钱的人多极了！"让·彼浩勒听了，摸着胡子满意地笑了。

"春天到了，可是我什么也看不见！"这富有诗意的语言，产生这么大的作用，就在于它有非常浓厚的感情色彩。是的，春天是美好的，那蓝天白云，那绿树红花，那莺歌燕舞（yīng gē yàn wǔ），那流水人家（rén jiā），怎么不叫人陶醉呢？但这良辰美景，对于一个双目失明的人来说，只是一片漆黑。当人们想到这个盲老人，一生中竟连万紫千红的春天//都不曾看到，怎能不对他产生同情之心呢？

——节选自小学《语文》第六册中《语言的魅力》

作品 54 号——《赠你四味长寿药》

《赠你四味长寿药》

有一次，苏东坡的朋友张鹗（Zhāng È）拿着一张宣纸来求他写一幅（fú）字，而且希望他写一点儿关于养生方面的内容。苏东坡思索了一会儿，点点头说："我得到了一个养生长寿古方，药只有四味，今天就赠给你吧。"于是，东坡的狼毫在纸上挥洒起来，上面写着："一曰无事以当（dàng）贵，二曰早寝（qǐn）以当富，三曰安步以当车，四曰晚食以当肉。"

这哪里有药？张鹗一脸茫然地问。苏东坡笑着解释说，养生长寿的要诀，全在这四句里面。

所谓"无事以当贵"，是指人不要把功名利禄、荣辱过失考虑得太多，如能在情志上潇洒大度，随遇而安，无事以求，这比富贵更能使人终其天年。

"早寝以当富"，指吃好穿好、财货充足，并非就能使你长寿。对老年人来说，养成良好的起居习惯，尤其是早睡早起，比获得任何财富更加宝贵。

"安步以当车"，指人不要过于讲求安逸、肢体不劳，而应多以步行来替代骑马乘车，多运动才可以强健体魄，通畅气血（qì xuè）。

"晚食以当肉"，意思是人应该用已饥方食、未饱先止代替对美味佳肴（jiā yáo）的贪吃无厌。他进一步解释，饿了以后才进食，虽然是粗茶淡饭，但其香甜可口会胜过山珍；如果饱了还要勉强（miǎn qiǎng）吃，即使美味佳肴摆在眼前也难以//下咽。

苏东坡的四味"长寿药"，实际上是强调了情志、睡眠、运动、饮食四个方面对养生长寿的重要性，这种养生观点即使在今天仍然值得借鉴。

——节选自蒲昭和《赠你四味长寿药》

作品 55 号——《站在历史的枝头微笑》

人活着，最要紧的是寻觅（xún mì）到那片代表着生命绿色和人类希望的丛林，然后选一高高的枝头站在那里观览（guān lǎn）人生，消化痛苦，孕育歌声，愉悦（yú yuè）世界！

这可真是一种潇洒的人生态度，这可真是一种心境爽朗的情感风貌。

站在历史的枝头微笑，可以减免许多烦恼。在那里，你可以从众生相（zhòng shēng xiàng）所包含的甜酸苦辣、百味人生中寻找你自己，你境遇中的那点儿苦痛，也许相比之下，再也难以占据一席之地；你会较容易地获得从不悦中解脱灵魂的力量，使之不致变得灰色。

《站在历史的枝头微笑》

人站得高些，不但能有幸早些领略到希望的曙光，还能有幸发现生命的立体的诗篇。每一个人的人生，都是这诗篇中的一个词、一个句子或者一个标点。你可能没有成为一个美丽的词，一个引人注目的句子，一个惊叹号，但你依然是这生命的立体诗篇中的一个音节、一个停顿、一个必不可少的组成部分（bù fen）。这足以使你放弃前嫌，萌生为人类孕育新的歌声的兴致，为世界带来更多的诗意。

最可怕的人生见解，是把多维的生存图景看成平面。因为那平面上刻下的大多是凝固了的历史——过去的遗迹；但活着的人们，活得却是充满着新生智慧的，由//不断逝去的“现在”组成的未来。人生不能像某些鱼类躺着游，人生也不能像某些兽类爬着走，而应该（yīng gāi）站着向前行，这才是人类应有的生存姿态。

——节选自［美］本杰明·拉什《站在历史的枝头微笑》

作品 56 号——《中国的宝岛——台湾》

《中国的宝岛——台湾》

中国的第一大岛、台湾省的主岛台湾，位于中国大陆架的东南方，地处（dì chǔ）东海和南海之间，隔（gé）着台湾海峡和大陆相望。天气晴朗的时候，站在福建沿海较高的地方，就可以隐隐约约地望见岛上的高山和云朵。

台湾岛形状狭长，从东到西，最宽处只有一百四十多公里；由南至北，最长的地方约有三百九十多公里。地形像一个纺织用的梭子。

台湾岛上的山脉纵贯南北，中间的中央山脉犹如全岛的脊梁（jǐ liáng）。西部为海拔近四千米的玉山山脉，是中国东部的最高峰。全岛约有三分之一的地方是平地，其余为山地。岛内有缎带般的瀑布，蓝宝石似的湖泊（hú pō），四季常青的森林和果园，自然景色十分优美。西南部的阿里山和日月潭，台北市郊的大屯山风景区，都是闻名世界的游览胜地。

台湾岛地处热带和温带之间，四面环海，雨水充足，气温受到海洋的调剂，冬暖夏凉，四季如春，这给水稻和果木生长提供（tí gōng）了优越的条件。水稻、甘蔗（gān zhe）、樟脑是台湾的“三宝”，岛上还盛产鲜果和鱼虾。

台湾岛还是一个闻名世界的“蝴蝶王国”。岛上的蝴蝶共有四百多个品种，其中有不少是世界稀有的珍贵品种。岛上还有不少鸟语花香的蝴//蝶谷，岛上居民利用蝴蝶制作的标本和艺术品，远销许多国家。

——节选自《中国的宝岛——台湾》

作品 57 号——《中国的牛》

《中国的牛》

对于中国的牛，我有着一种特别尊敬的感情。

留给我印象最深的，要算在田垄（tián lǒng）上的一次“相遇”。

一群朋友郊游，我领头在狭窄的阡陌（qiān mò）上走，怎料迎面来了几头耕牛，狭道容不下人和牛，终有一方要让路。它们还没有走近，我们已经预计斗不过畜生（chù sheng），恐怕难免踩到田地泥水里，弄得鞋袜又泥又湿了。正踟蹰（chí chú）的时候，带头的一头牛，在离我们不远的地方停下来，抬起头看看，稍迟疑一下，就自动走下田去。一队耕牛，全跟着它离开阡陌，从我们身边经过。

我们都呆了，回过头来，看着深褐色的牛队，在路的尽头消失，忽然觉得自己受了很大的恩惠。

中国的牛，永远沉默地为人做着沉重的工作。在大地上，在晨光或烈日下，它拖着沉重的犁，低头一步又一步，拖出了身后一列又一列松土，好让人们下种（xià zhǒng）。等到满地金黄或农闲时候，它可能还得担当搬运负重的工作；或终日绕（rào）着石磨，朝同一方向，走不计程的路。

在它沉默的劳动中，人便得到应得的收成（shōu cheng）。

那时候，也许，它可以松一肩重担，站在树下，吃几口嫩草。偶尔摇摇尾巴（wěi ba），摆摆耳朵（ěr duo），赶走飞附身上的苍蝇（cāng ying），已经算是它最闲适的生活了。

中国的牛，没有成群奔跑的习//惯，永远沉沉实实的，默默地工作，平心静气。这就是中国的牛。

——节选自小思《中国的牛》

作品 58 号——《住的梦》

不管我的梦想能否成为事实，说出来总是好玩儿的：

春天，我将要住在杭州。二十年前，旧历的二月初，在西湖我看见了嫩柳与菜花，碧浪与翠竹。由我看到的那点儿春光，已经可以断定，杭州的春天必定会教（jiào）人整天生活在诗与图画之中。所以，春天我的家应当（yīng dāng）是在杭州。

《住的梦》

夏天，我想青城山应当算作最理想的地方。在那里，我虽然只住过十天，可是它的幽静已拴住了我的心灵。在我所看见过的山水中，只有这里没有使我失望。到处都是绿，目之所及，那片淡而光润的绿色都在轻轻地颤动（chàn dòng），仿佛要流入空中与心中似的。这个绿色会像音乐，涤清（dí qīng）了心中的万虑。

秋天一定要住北平。天堂是什么样子，我不知道，但是从我的生活经验去判断，北平之秋便是天堂。论天气，不冷不热。论吃的，苹果、梨、柿子、枣儿（zǎor）、葡萄，每样都有若干种。论花草，菊花种类之多，花式之奇，可以甲天下。西山有红叶可见，北海可以划船——虽然荷花已残，荷叶可还有一片清香。衣食住行，在北平的秋天，是没有一项不使人满意的。

冬天，我还没有打好主意（zhǔ yi），成都或者相当地合适，虽然并不怎样和暖（hé nuǎn），可是为了水仙，素心腊梅，各色的茶花，仿佛就受一点儿寒//冷，也颇值得去了。昆明的花也多，而且天气比成都好，可是旧书铺与精美而便宜（pián yi）的小吃远不及成都那么多。好吧，就暂这么规定：冬天不住成都便住昆明吧。

在抗战中，我没能发国难财。我想，抗战胜利以后，我必能阔起来。那时候，假若飞机减价，一二百元就能买一架的话，我就自备一架，择黄道吉日慢慢地飞行。

——节选自老舍《住的梦》

作品 59 号——《紫藤萝瀑布》

我不由得（bù yóu de）停住了脚步。

从未见过开得这样盛的藤萝，只见一片辉煌的淡紫色，像一条瀑布（pù bù），从空中垂下，不见其发端，也不见其终极，只是深深浅浅的紫，仿佛在流动，在欢笑，在不停地生长。紫色的大条幅上，泛着点点银光，就像迸溅（bèng jiàn）的水花。仔细看时，才知那是每一朵紫花中的最浅淡的部分，在和阳光互相挑逗。

《紫藤萝瀑布》

这里除了光彩，还有淡淡的芳香。香气似乎也是浅紫色的，梦幻一般轻轻地笼罩着我。忽然记起十多年前，家门外也曾有过一大株紫藤萝，它依傍一株枯槐（kū huái）爬得很高，但花朵从来都稀落，东一穗西一串伶仃（líng dīng）地挂在树梢，好像在察言观色，试探什么。后来索性连那稀零的花串也没有了。园中别的紫藤花架也都拆掉，改种了果树。那时的说法是，花和生活腐化有什么必然关系。我曾遗憾地想：这里再看不见藤萝花了。

过了这么多年，藤萝又开花了，而且开得这样盛，这样密，紫色的瀑布遮住了粗壮的盘虬卧龙（pán qiú wò lóng）般的枝干，不断地流着，流着，流向人的心底。

花和人都会遇到各种各样的不幸，但是生命的长河是无止境的。我抚摸了一下那小小的紫色的花舱，那里满装了生命的酒酿（jiǔ niàng），它张满了帆（fān），在这//闪光的花的河流上航行。它是万花中的一朵，也正是由每一个一朵，组成了万花灿烂的流动的瀑布。

在这浅紫色的光辉和浅紫色的芳香中，我不觉加快了脚步。

——节选自宗璞《紫藤萝瀑布》

作品 60 号——《最糟糕的发明》

《最糟糕的发明》

在一次名人访问中，被问及上个世纪最重要的发明是什么时，有人说是电脑，有人说是汽车，等等。但新加坡的一位知名人士却说是冷气机。他解释（jiě shì），如果没有冷气，热带地区如东南亚国家，就不可能有很高的生产力，就不可能达到今天的生活水准。他的回答实事求是，有理有据。

看了上述报道，我突发奇想：为什么没有记者问："二十世纪最糟糕的发明是什么？"其实，二〇〇二年十月中旬，英国的一家报纸就评出了"人类最糟糕的发明"。获此"殊荣"的，就是人们每天大量使用的塑料袋。

诞生于上个世纪三十年代的塑料袋，其家族包括用塑料制成的快餐饭盒、包装纸、餐用杯盘、饮料瓶、酸奶杯、雪糕杯，等等。这些废弃物形成的垃圾，数量多、体积大、重量轻、不降解（jiàng jiě），给治理工作带来很多技术难题和社会问题。

比如，散落（sàn luò）在田间、路边及草丛中的塑料餐盒，一旦被牲畜（shēng chù）吞食，就会危及健康甚至导致死亡。填埋废弃塑料袋、塑料餐盒的土地，不能生长庄稼和树木，造成土地板结（bǎn jié）。而焚烧处理（chǔ lǐ）这些塑料垃圾，则会释放出多种化学有毒气体，其中一种称为二噁英（èr'è yīng）的化合物，毒性极大。

此外，在生产塑料袋、塑料餐盒的//过程中使用的氟利昂，对人体免疫系统和生态环境造成的破坏也极为严重。

——节选自林光如《最糟糕的发明》

第八章

说话——语言交际的技巧

【引言】

学习和训练普通话的最终目的是运用标准或比较标准的普通话进行口语表达，从而更好地与别人交流思想感情。在口语表达的众多方式中，说话是普通话水平测试的一项重要内容。那么，什么是说话？怎样才能提高自己的说话技能？普通话水平测试中说话的考试内容有哪些？这些问题，我们将在本章进行详细解答。

第一节 什么是说话

在口头语言和书面语言表达中，说话无疑是最常见的，从日常生活到工作学习，从私密场合到公开场合，从严谨的商务谈判到轻松的娱乐活动，说话无处不在。普通话水平测试把“说话”作为分值很高的一项测试内容，足以显示出它的重要性。

一、说话的性质和形式

（一）说话的性质

说话，简单地讲，就是用语言表达一定意思，即说话人通过零散的或成段的话语传递自己的思想感情。说话是社会生活中人们传递信息、交流感情、完成事务性活动的重要手段之一，也是一项最基本的语言技能。从语言学角度来看，它属于言语范畴，是对语言的具体运用；从语体角度来看，它属于口语语体，与书面语有着较大的区别。它是说话人心理、生理、物理活动的整合，更是其语言能力、知识积淀、心理素质、社会经验的综合体现。

（二）说话的形式

说话的形式非常丰富。陈建民先生在《汉语口语》一书中列举了七种主要的口语类型，即日常会话（包括问答、对话），在动作或事件中说出的话，夹杂动作的话，毫无准备地说一段连贯的话，有提纲的即兴发言，离不开讲稿的讲话，念稿子等。

二、说话的特征

说话属于口语表达范畴，和书面表达相比，具有以下特征：

① 传声性。说话主要靠声音传递信息，是由声音所表现的音节、词语、语句、语段、语调等因素构成的表意、表情系统，它要求声音准确清晰、清亮圆润、富于变化。

② 临场性。口语表达要符合规定的情境，有特定的对象、环境、气氛，有强烈的现场感。这对说话人的心理素质提出了很高的要求。

③ 简约性。说话内容通过口耳相传，需要听话人进行同步接收和理解，并及时做出反馈。这就要求说话人应言简意赅，用语生动形象；表意清楚，多用短句、单句，少用长句、复句；尽量口语化，力求自然；不用方言词语、生造词语、古语词、专业词语、生僻词语和容易产生歧义的词语。

④ 双向性。说话往往是面对面的，是一个由“说”和“听”构成的双向互动系统。不管是单

向说话还是双向、多向说话，都有具体的听者。这就要求说话人要考虑到说话的语言环境，以及听者的性别、年龄、身份、知识背景，参与说话活动的目的和动机等，从而强化说话的针对性。

⑤ 即时性。语音一发即逝，制约了词语的选择、语句的结构和表意，这对说话人的快速反应能力、临场发挥能力、言语组织能力都提出了很高的要求。

⑥ 灵活性。说话是一个动态的过程，在整个表达过程中，说话人需要根据对方的反应和周围环境，不断调整自己话语的内容。话题的切换，说话节奏的调整，说话内容的修正和补充，都体现了说话的灵活性。

⑦ 综合性。说话时，说话人要同时协调思维、言谈、视觉、听觉等，利用语音语调、言辞态势等表达手段，并综合运用各种社会知识、专业知识，体现出很强的综合性。

三、说话的过程

人们在说话时运用的语言可分为内部语言和外部语言，前者是指人们在思考时不发出声音的语言，后者是指人们说话时的有声语言。

说话的过程是指人们将自己的初始思想，经过内部语言的组织，借助准确的词语和规范的语法，排列成逻辑严密的句式，采用恰当的修辞方法，迅速、准确、生动地转换成得体的外部语言，并成功地发送出去的全过程。从说话动机的形成，言语的编码，成段语流的形成，到最后的发送，要经过一系列的心理、生理运作。其中任何一个环节出现问题，都会降低说话效率。

了解说话的过程，对掌握说话的原理和技巧是大有益处的。从信息学的角度来看，信息的传递包括编码、发送、传递、接收、译码、反馈 6 个环节。具体到说话，则应该由下列几个环节构成，如图 8-1 所示。

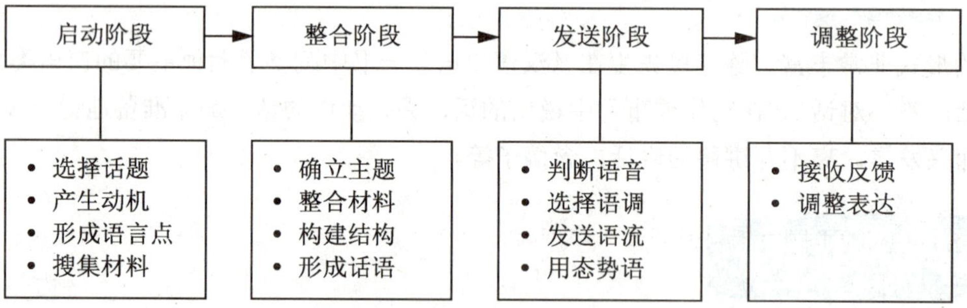

图 8-1 说话的过程图

（一）启动阶段

1. 选择话题

话题的选择分为主动性选择和被动性选择。一般生活中的话题选择基本上属于主动性选择，即说话人根据表达情境、表达目的和交流对象选择合适的话题。普通话水平测试中，应试人话题的选择属于被动性选择，说话人需要在短时间内从给定的两个话题中选择一个话题。

2. 产生动机

说话人向听话人传递信息，往往是为了实现某种愿望，满足某种需要，达到某种目的，因此说话人必须有一定的说话动机。说话动机对于加强说话的针对性、提高说话效率具有重要的意义。动机的产生和形成受制于说话的对象、具体的语言环境，甚至具体的话题，它决定着说话的内容和重点。

3. 形成语言点

语言的生成是由人的大脑神经中枢负责的，有意义的语言次序的组织是由人的左脑前语言区负责的。说话人在外界信息的触发下，经过快速的分析、综合、归纳、演绎，形成具有密切联系的“语言点”。这些“语言点”是说话的基础和原动力，说话人对这些语言点进行选择、剥离、整合、联结、扩展，最终形成成段的话语。

4. 搜集材料

选择了话题，产生了动机，形成了语言点后，说话人就开始在记忆库和知识储备中寻找说话的材料。这些材料包括个人的生活经历、体验、知识积累等，并呈辐射状展开，形成了外表零散、内在关联的初始思维。

在完成了以上几个环节的任务之后，说话人开始进入说话过程的第二个阶段。

（二）整合阶段

1. 确立主题

说话人在接触、确立话题之后，必然会根据话题的内容和特定情境的需要确定说话的范围和重点，进而形成一个说话的主题。主题确立不当，或者主题不明确，都会产生言语混乱、内容结构松散、言不达意等问题。

2. 整合材料

在确定了说话的主题之后，说话人会根据表意中心的需要选取各种材料，并对材料进行再加工——取舍、剥离、对比、定位。哪些材料该用、哪些材料不该用，哪些内容详述、哪些内容概述，词汇的选择搭配是怎样的，都是这个环节需要考虑的问题。

3. 构建结构

话题、主题、材料都已具备后，说话人应从整体表达的需要出发，加以梳理，并选择一个最有效率的语言结构将这些零散的“部件”有机地组合起来，形成一个完整的语义网络。没有结构或结构散乱，都会使所有的准备付之东流。

4. 形成话语

在这个阶段，说话人应思维明晰，并将内在语言串联成成段的语流，最后形成完整的一段话。

（三）发送阶段

1. 判断语音

在内部语言形成之后，说话人开始进入发送阶段。普通话水平测试主要是考查说话人对语音的掌握情况，因此，说话人应对自己所表达的内容的字音能熟练掌握，如能区分平翘舌、边鼻音、前后鼻尾韵，尽量避开自己的语音弱项。

2. 选择语调

说话时，说话人还必须根据表达内容的差异，使用语调、重音、停连、节奏等技巧来强化语意，抒发感情，使自己的话语呈现出轻重缓急、高低强弱、抑扬顿挫的流动态势。

3. 发送语流

发送语流是指用标准或比较标准的语音，清楚、连贯地将说话内容传送出去。成功发送是达到说话目的的必由之径。

4. 用态势语

说话是一种现实感很强的表意活动，它是通过听觉来接收的。为了改善言辞表意方面的不足，强调表意的重点、情感，体现出表达内容的层次性、逻辑性，说话人应该有效地辅以态势语言，如眼神、表情、手势动作等。

（四）调整阶段

1. 接收反馈

对对方的说话内容进行判断、分析，是调整自己的谈话策略的前提和依据。此外，交谈时察言观色，根据听者的反应来调整自己的表达，也是合理利用反馈信息的一种表现。

2. 调整表达

说话是一个双向互动的过程，更是一个动态的、充满变化的过程。学会调整自己说话的重点、策略、方式及语调，适时而变，应景而变，才会使自己在谈话中处于主动地位。

从以上对说话过程的分析可知，说话并不是一件简单的事情，它需要我们做好各项准备，训练各项技能，积累相当丰富的知识，培养良好的心理素质。而普通话水平测试中的“说话”，更要求应试人“言思同步”，反应敏捷，能够在较短的时间内完成各个环节的任务。

第二节　普通话水平测试中的“说话”

普通话水平测试中的“说话”，是考查应试人在没有文字凭借的情况下说普通话的能力和所能达到的规范程度。它不仅要考查应试人对声母、韵母、声调、音变等发音的规范程度，还要考查对语调、重音、停连、节奏等技巧的使用，要求应试人表达自然流畅，在词汇、语法方面，要合乎现代汉语口语的规范要求。

一、普通话水平测试中“说话”的特征

普通话水平测试中的“说话”具有以下几个方面的特征：

① 从测试的话题来看，“说话”的内容大都和日常生活有关，涉及工作、学习、娱乐、社会现象、人生经历等方面，属于日常会话范畴。

② 从事先知道所有的测试话题，并且有准备的角度来看，普通话水平测试中的“说话”应当属于有提纲、有不完全准备的即兴发言。

③ 从说话目的是通过成段的表达来检测普通话水平并得到一定分值来看，普通话水平测试中的“说话”带有很明显的针对性和功利性。

④ 从测试主要是采用单向说话形式的角度来看，应试人的表达带有很强的独白性。

⑤ 从应试人在表达中所调动的各种因素来看，普通话水平测试中的“说话”是发音能力、思维能力、应变能力、心理承受能力、知识再现能力的一种整合，带有很明显的综合性。

由此可以看出，普通话水平测试中的“说话”，既具有说话的一般特征，又呈现出交叉、融合的色彩。我们要充分认识它的个性特点，把普通话水平测试中的“说话”和日常生活会话、朗诵、演讲等表达形式区分开来，采用合乎要求的表达方式来组织话语，有效地平衡语音语调、词汇语法、思维方式、心理素质等各个方面，发挥其综合效应。

二、普通话水平测试中“说话”的表达方式

应试人说话的话题是从《普通话水平测试用话题》中选取的，由应试人从给定的两个话题中选定一个话题，连续说一段话，时长不短于三分钟。在这个环节，应试人可以运用介绍、复述、描述、评述、讲故事等方式展开话题。

（一）介绍

介绍是把人、景、物、情、事、理用简洁明了的言语告诉给别人的一种口语表达方式，重在解释、说明、告知。它要求抓住被介绍对象的本质，做到真实准确、特点突出、主次分明、条理清晰，

言语深入浅出、生动具体。

介绍分为概括性介绍、形象性介绍和阐明性介绍。

- ✓ **概括性介绍：**以精练的语言、自然平实的语气向听者做人或物的介绍，它要求主次分明，用最简洁的语言传递最丰富的信息。人物介绍、自我介绍、基本情况介绍等都属于概括性介绍。普通话水平测试中，可使用概括性介绍的话题有“我的爸爸”“我的妈妈”“我最尊敬的人”“我的家庭”“我所在的集体”等。
- ✓ **形象性介绍：**用生动形象的语言向听者做特定人、物特征的具体介绍，它常常要求运用一些修辞手法，把介绍对象的声、色、神、形逼真地表达出来，形成鲜明的视觉形象。普通话水平测试中，可使用形象性介绍的话题有“我最喜欢的体育运动”“家乡风俗”“我最喜欢的一种小动物”等。
- ✓ **阐明性介绍：**对一种见解做言之成理的分析和说明，常运用举例子、做比较、讲特征、做分析等方法进行阐述，它要求条理清晰、有逻辑。普通话水平测试中，可使用阐明性介绍的话题有“怎样处理好人际关系”“怎样去找工作”“谈谈对环境保护的认识”等。

（二）复述

复述是按照原有材料重复述说。复述并不是背诵，而是按照一定的要求，用自己的言语表达原始材料。复述要求忠于原始材料，不能改变原始材料的主要观点、主要情节，把握内容核心，突出重点，所复述的内容不能支离破碎、喧宾夺主、拖泥带水。复述时必须吐字清楚，语速以中速为宜。

复述分为详细复述、简要复述、扩展复述和变角度复述。

- ✓ **详细复述：**接近原始材料的复述，它要求原原本本地述说，保留原始材料的表达顺序。复述时，要语脉清晰，细而不乱，通俗易懂。详细复述对训练记忆、提高思维的条理性有重要的作用。
- ✓ **简要复述：**根据说话目的，对原始材料加以选择、概括，然后用简明扼要的语言陈述出来的复述。它要求把握整体，理清线索，紧扣中心，舍去枝叶、保留主干，浓缩篇幅。
- ✓ **扩展复述：**对原始材料做适当扩充、展开的复述。进行扩展复述时，可以增加议论性材料的论证层次，补充论据；也可以增加说明性材料的细节说明；还可以通过合理的想象补充叙事性材料的情节发展，或进行人物刻画、场景描写等。
- ✓ **变角度复述：**改变原始材料的体裁、人称或顺序的一种复述。

在普通话水平测试中，复述是使用最频繁的一种测试手段。掌握复述技巧、训练复述能力，对提高说话的效率是大有益处的。

（三）描述

描述是用生动形象的语言，对客观对象的特征或形态进行具体、细致的描绘的一种口语表达形式。它要求通过描摹、想象、联想，再现人物、事件、场景。描述要真实，要抓住描述对象的特征，语言力求具体、生动、活泼。

描述可分为人物描述、物体描述和想象描述。

- ✓ **人物描述：**对人物的外貌、服饰、言行举止、神态表情、心理活动等进行描述。普通话水平测试中，应进行人物描述的话题有“我的爸爸”“我的妈妈”“我最要好的朋友”等。

- ✓ **物体描述**：从视觉、触觉、嗅觉、听觉等角度描述客观对象的外形、动态、特征。普通话水平测试中，可进行物体描述的话题有“我最爱看的体育比赛”“我最喜欢的一种花卉”“我最喜欢听的一首歌”等。
- ✓ **想象描述**：大量运用想象、联想等手段，揣摩人物心理活动，推测事件的发展变化趋势及前因后果。普通话水平测试中，可进行想象描述的话题有“我的一个愿望”“我的一个梦想”“我最得意的一件事”等。

（四）评述

评述是阐明自己的观点，评论人、事是非的一种口语表达形式。评述的对象可以是现实生活中发生过的事情，也可以是说话时发生的事情。它的特点是有感而发、即兴而作，具有理性思辨的色彩。在表达时，往往有述说、有评论，即述评结合。

评述要求把握正确的立场倾向，观点要明确；选择的评述角度要正确，易于把握，别出心裁；持论要公允，避免看法偏颇；要善于概括、分析、总结；语气和缓，语言生动形象。

评述有先述后评、边述边评、先评后述三种形式。先述后评是先介绍或复述，然后评论，述的比重大，评的比重小；边述边评主要以点评为主，夹述夹评；先评后述是先表明态度和立场，再使用材料来论证说明。

普通话水平测试中，可采用评述的话题有“我对商品质量的看法”“见义勇为之我见”“谈谈社会公德”等。

（五）讲故事

故事因情节生动、形象鲜活、内涵深刻而吸引人。因此在说话过程中，运用讲故事的方法，不仅可以丰富表达内容，加强表达的形象性，而且可以在进行议论、评述时充当论据，论证观点。更重要的是，在即兴说话时，它可以缓解由于准备有限带来的紧张心理。用一个短小精悍的小故事作为开头，是应试人在普通话水平测试的命题说话环节中常采用的方法。

讲故事时，对于人物的容貌、行为及心理活动方面的描绘要形象、生动，故事情节要连贯，语言要通俗、活泼，内容要有一定的启发教育意义。普通话水平测试中，可采用讲故事形式的话题有“我的童年”“我最难忘的一件事”“童年趣事”等。

三、普通话水平测试中“说话”的要求

普通话水平测试中的“说话”，是对应试人的知识储备、词汇积累、谋篇布局能力、心理素质、社会阅历等方面的综合考查。应试人不能仅仅把它当作语音活动，而应达到以下要求。

（一）语音自然，语气适宜

要按照日常口语的语音、语调来说话，不要带有背诵、朗诵、演讲的腔调。发音要规范、清晰、

饱满，但不要生硬、机械，特别注意变调、轻声、儿化韵的发音，语气词“啊”的变化，词语轻重的处理。音节之间的连接要流畅，避免出现“蹦字”“吞音”现象。语气亲切、自然、朴实无华，与表达的内容、情感相适合。语调的处理以体现语流的结构层次为主，不要夸张或过分美化。节奏的变化、语调的起伏不要太大，语速宜采用中速。

（二）思维敏捷，灵活善变

应试人虽然在测试前就已知道测试的30个题目，并有所准备，但当抽到自己的签号后，还是需要迅速确定话题、明确主旨、构建结构、选择材料，把“语言点”扩展为连贯的话语。由于测试现场的准备时间十分有限，因此，应试人要快速反应，迅速捕捉稍纵即逝的思想火花，在纷繁复杂的材料中锁定合适的、贴切的部分，并将散乱的材料联系起来。

灵活多变是指要善于把自己不太熟悉的题目、不能完全驾驭的题目转化为自己熟悉的内容，学会巧妙地转换话题，化繁为简，化大为小，避难就易，扬长避短。

（三）立意明确，内容集中

不管是叙述性题目、说明性题目还是评论性题目，都应该有一个明确的主题。这个主题有时是一个明确的观点，有时是一种真实的感受，有时是生活中的一段经历，有时是人或物等特定对象的特征。必须用明确、简短的语句对这个主题加以概括、提炼，并且在说话的开头部分表达出来，适当地用重音加以强调，作为整个说话过程的主旨或核心。

在说话时，要学会合理地限制话题，从小处着手，使说话内容相对集中，有清晰的范围和明确的指向。既不要说成“流水账”，也不要漫无边际地说话。

（四）结构有序，适切语境

结构有序，才能把各种材料有机地串联起来，形成一个整体。结构松散或完全没有结构，就会让听者感到语意不明、语脉不清、表达残缺。不同话题所采用的结构也不同，但都应该包括话题导入、主体展开、收拢全篇这几个主要环节，做到首尾呼应、层次分明、过渡自然、主次有别。此外，不宜采用过于复杂或跳跃性强的结构，而应选择较为简单的结构，如层递式、并列式、对比式等。

（五）用词恰当，贴切易懂

说话时，应试人往往来不及对所说的话进行细致的润色和加工，听者也很难仔细琢磨、认真推敲。为了保证话语流畅易懂，减少由于词义晦涩、词语偏僻、词语堆砌带来的信息干扰，应试人应该少用同音词、专业术语和容易产生歧义的词语，不用不规范的时髦用语和带有阶层色彩的特殊用语。

（六）语句流畅，条理分明

语句流畅，条理分明，意思就会清楚明晰。要做到这一点，在句式选择上应多用短句、少用长句，多用单句、少用复句；避免重复和反复纠正说过的话；改掉说话时带“口头禅”的毛病，如“呃”

“这个”“也就是说”“然后”等；不要突然改变说话内容的方向，或插入与主旨无关的话语。

（七）内涵丰富，针对性强

空洞、抽象、单薄的话语往往使人觉得枯燥乏味。因此，在说话时，应该注意所选材料的生动性、形象性、具体性，使用能使人产生联想或有通感的词语。对于叙述性话题，应该保证叙述中有过程、有细节、有场景、有描写、有感觉、有体会；对于议论性、评述性话题，应该保证有充实的论据，特别是典型的事实材料，在抽象的说理中蕴含一种感人的精神力量。

（八）言思同步，逻辑性强

普通话水平测试中的“说话”要求应试人在准备时间很短的情况下，完整、流利地完成一段时长为3～4分钟的表达。这对应试人思维和言语的一致性、同步性是一个严峻的考验，要求应试人在把握整体方向、构建清晰思路的前提下，学会边想边讲，即做到“言思同步”。很多应试人在测试前冥思苦想，设计出一个很好的开头，并且用完整的语句表达出来，但在进入说话的主体部分之后，则出现思维混乱、语句凌乱、神情慌乱等问题。究其原因，是不能做到快速思维，在说的同时，不能提前想好接下来要说的内容。

此外，说话时，还应当注意说话的逻辑性，正确地运用判断、推理等逻辑手段，做到言之有理，言之有序。

四、普通话水平测试中常见的“说话”失误

（一）言语失畅

言语失畅是普通话水平测试中最常见的一种失误，具体表现为无谓的重复、长时间停顿、反复改正、大量口头禅，以及语流断断续续，话语各部分之间缺乏关联，三言两语就无以为继等。言语不畅的根本原因还是思维问题，即对快速思维能力、整体思维能力的训练不够。

（二）背诵

很多应试人在测试前做了相当充分的准备，甚至采取“集团作战”的形式，将30个题目写成文章，死记硬背。希望用这种“技巧”掩饰自己的语音问题，使自己的语流通畅、表达完整。

这类应试人在测试时，往往将视线长时间集中在某个地方，表情木然；语调、节奏单一，缺乏表现力；在忘记所背诵过的内容时，会出现长时间停顿；语言带有明显的书面语色彩；常常机械地重复某一句话、某个词语，以期想起后面的内容，甚至要求从头再讲一遍。显然，这样的“说话”不能真实地反映应试人的水平。按照评分规则，背诵是要扣分的。

（三）语调不自然

除了语调夸张、做作之外，缺乏必要的轻重处理、停连处理、句调的抑扬处理及语速的快慢处

理，会造成语调单一、生硬。测试时，语调不自然往往表现为语调夸张，音色不真实；该强调的没有强调，该停顿的没有停顿；声音缺乏立体美、流动美等。

（四）声音轻细

有些应试人或由于发声的习惯，或以为声音低、细能掩盖一些发音失误，或没有运用必要的呼吸和共鸣方式发声，导致在说话时声音轻细、模糊不清，好像在自言自语，影响了听者对信息的接收。应试人在测试时应尽量避免这种情况，做到声音响亮清晰。

（五）表达旁逸、离题

有些应试人在说话时缺乏前后一致性，常常莫名其妙地插入和主题无关的话语，形成表达旁逸；有的甚至完全偏离了话题范围，造成离题。这两个问题主要是思维滞后、混乱，结构松散造成的。

（六）思维“短路”

应试人在测试时突然出现“言语空白”，完全不知道怎么讲下去，即通常所说的思维“短路”。出现这种现象的主要原因是心理紧张，对整个说话过程缺乏通盘考虑和整体构思，导致说话的各个部分之间缺乏联系。

（七）口误

产生口误的原因很多，如语速过快、音节界限不清、心理紧张、依赖背诵的原稿等。实际上，在测试过程中，由于边说边想，应试人难免出现一些口误。出现口误后不要慌张，应保持平和的心态，稍放慢语速，继续往下说。

（八）内容单薄，词汇量不足

内容单薄的具体表现为说话内容有脉络但没有血肉，空洞无物。例如，进行描述时只有一个粗线条的过程，缺少细节和层次，没有适当地加入场景描述、人物特征描述等；进行评述时缺少事理材料、事实材料来论证观点。还有一个常见问题是词汇贫乏，无法扩展表述的内容。

（九）结构松散，缺乏整体感

结构松散，缺乏整体感的具体表现有：没有清晰的主题，时东时西；只有局部内容，缺少整体把握；缺少关键的结构部分，有结果无原因或有开头没结尾；缺少过渡、呼应等。出现这些现象的原因是没有将初始思维的“语言点”或关键词串联成一个有序的结构。

（十）准备不足，仓促应付

应试人对话题的限定或说话范围的控制与测试要求不符，说话范围过大或过小；缺少一个合理的程序，不知道先说什么，后说什么；有的在测试准备过程中没有对所选的题目进行认真、系统的分析，不知说些什么。

要避免出现以上这些常见的失误，应试人应该在平时的训练中系统分析说话题目，加强语言文学修养，强化口语表达的基础训练，多参加一些口语实践活动。

第三节　说话训练

一、说话的基本训练

（一）扩展语句训练

丰富表达内容的一个关键就是学会扩展语句。只有拓宽内容的广度、开掘内容的深度，表达的内容才会丰满起来。有些应试人在测试时，三言两语就无话可说，表达内容单薄空洞，原因就在于不会扩展语句。

应试人可以通过以下两种方法进行扩展语句训练：

① 读下列词语，运用联想思维，将它们串联成一段话。

新建　打开　保存　点击　链接　粘贴　删除　收藏　运行　查找　调整

② 读下列句子，将每个句子作为一段话的开头，并将其扩展成意思相对完整的一段话。

孔子说："朝闻道，夕可死矣。"……

高尔基说："爱孩子，这是母鸡也会的。但是，要善于教育他们，这却是需要才能和广博知识的伟大事业。"……

逆境并不可怕，可怕的是……

真正在工作上做出成绩的人，不但要克服重重困难，有时候还要……

当今世界，知识的更新就是进步……

学习最重要的是学会怎样问问题……

（二）语句接龙训练

测试时语流不畅、思维中断是困扰应试人的两大难题。进行语句接龙训练，可以锻炼应试人口语表达的连贯性。

从下列题目中任选一个，由 5 个人共同完成表达。一个人负责观点的确定和表述，三个人负责对观点进行论证，最后一个人负责结尾。要求所有人的表达以第一人的观点为准，不能修改甚至是反对第一个人的观点，保持前后说话的一致性。每个人的说话时间为 30 秒。

题目：

① 读书犹如看风景

② 素质教育，势在必行

③ 学然后知不足

④ 明天，让我们从容面对

⑤ 敢为天下先

⑥ 换一个角度看世界

⑦ 机遇只垂青有准备的人

（三）话题分解训练

进行话题分解训练的目的是让应试人找到说话的线索，培养语言的秩序感、整体感和多样性。多做一些话题分解训练，可以让我们对一个话题建立起多层面、多角度的内容体系。这样，在测试时，我们就有多种选择。

例如，话题“我的家庭”可以分解为以下问题：

① 你家里有哪些人？

② 你的家人分别是干什么的？

③ 他们的性格、爱好和特征是什么？

④ 父母和其他长辈对你的影响有哪些？

⑤ 你的家庭氛围是什么样的？

⑥ 你和家人在一起时最快乐的事情是什么？

⑦ 你们遇到过什么困难？

⑧ 你们怎样面对困难？

⑨ 你家平时的集体活动是什么？

⑩ 有没有让你难忘的家庭集体活动？

尝试对下列话题进行分解，并在此基础上对每个话题进行完整的表达。

① 我和体育

② 我知道的风俗

③ 我尊敬的人

④ 我喜欢的旅游胜地

⑤ 我的爱好

⑥ 我的家乡

（四）依据提纲说话训练

依据提纲说话即先写出详细提纲或概要提纲，再根据提纲对某个话题进行完整的表达。它要求应试人对整个说话过程、结构、材料有一个清晰的认识，能够事先做好充分的准备。

说话的提纲应包括：话题范围，话题中心或论点，结构形式，层次，开头、过渡、发展、结尾，主要材料及备用材料等。提纲可采用提要的形式或图表的形式，简明扼要地反映出对说话内容所做的所有准备。

从以下话题中选择一个，拟出提纲后与同桌分别进行说话训练，并指出对方的语音错误与病句。

① 我喜爱的职业

② 难忘的旅行

③ 我的朋友

④ 我喜爱的文学（或其他）艺术形式

⑤ 谈谈卫生与健康

⑥ 我的业余生活

（五）串联关键词训练

串联关键词是先列出和说话主旨、内容、结构有关的几个关键词语，然后进行有机串联，即兴说话。它要求应试人思维敏捷、串联有序，善于用联想思维展开话题。在普通话水平测试中，应试人可在命题说话的准备环节采用这种方法。

关键词通常包括中心、各层次核心内容、结构提示、主要表达形式、材料概括等。例如，话题“我的童年”的关键词可以有：快乐、自由、游戏、亲近自然、小伙伴儿、回忆、描述、并列式结构等。

给下列话题构思关键词，并以小组为单位（2～4 人一组）进行命题说话模拟测试。要求必须说够 3 分钟，组内同学互帮互学，取长补短。

① 怎样去找工作

② 谈谈你的职业

③ 我向往的地方

④ 我的假日生活

二、普通话测试中的命题说话训练

普通话测试中，命题说话的要求包括：有声（语音），有词语（词汇），有按一定语法关系组成的句子（语法），有一定的思想感情（内容）。此外，为了让别人听懂、喜欢听，还必须尽可能说得流畅、清楚、生动、有趣。应试人应做到发音标准，词汇语法运用规范，吐字清晰，语调自然，语言流畅，表意清楚、完整、生动。

下面列出了 30 个普通话水平测试中所用话题的解题思路，应试人可以试着进行命题说话练习。

1. 我的愿望（或理想）

解题思路：每个人都有愿望（或理想），你的愿望（或理想）可能是一个稍显稚嫩的想法，也可能是一个美丽的梦。这个想法（或梦）是何时诞生的？它是受什么启迪而萌生？它在你心中占据着怎样的地位？你打算怎样去实现它？

2. 我的学习生活

解题思路：本话题讲述的应该是你学习生涯中难忘的片断或感受。例如，你第一天上学的情景，第一次违纪的情形，第一次考 100 分的心情，第一次不及格的滋味，第一次和同桌闹矛盾的情景等。

3. 我尊敬的人

解题思路：本话题可说的对象很多，你可以介绍爷爷、奶奶、外公、外婆、爸爸、妈妈、叔叔、阿姨等长辈，也可以介绍你较熟悉的一位老师、医生、护士、环卫工人或交通警察等。仔细想一想，在你熟悉的人群中，你较为尊敬哪一位？为什么他（她）是你尊敬的人？在介绍过程中，你可以通过典型的事例来体现人物的思想品质。

4. 我喜爱的动物（或植物）

解题思路：一般人都有自己喜欢的小动物（或植物），也会不同程度地接触过花、草、鸟、鱼、鸡、猫、猴、蚕、蟋蟀等。所以，介绍动物（或植物）时，应选择自己最为熟悉和喜欢的。唯有喜欢，自己才会仔细去观察，才会说得具体、形象、真实。

5. 童年的记忆

解题思路：童年是一首美丽的诗，你的童年的诗是什么基调的呢？是快乐、淘气、惹人喜爱，还是招人嫌弃？你可以讲述童年时代的一件或若干件记忆犹新的往事。

6. 我喜爱的职业

解题思路：每个人应该都有自己喜欢的职业。例如，你的妈妈是老师，她的一言一行影响了你，于是你喜欢教师这个职业；银幕上、小说里，海军战士雄姿英发，于是你想当一名边防军战士；工人、医生、农艺师、科学家、运动员、歌星……都可能是你喜爱的职业。本话题不仅要说出自己喜爱的职业，还要把产生这种想法的原因说出来。

7. 难忘的旅行

解题思路：你的旅行经历可能有很多，但令你难忘的旅行也许并不多。在这个话题中，除了表述清楚旅行的时间、地点、内容及所见所闻外，还应说出这次旅行的特点及给你的独特感受，以突出这次旅行的“难忘”。

8. 我的朋友

解题思路：本话题的关键是“朋友”，你所介绍的这个人，应该与你有着密切的关系，在生活中或学习中，你与他（她）建立了深厚的友情。值得注意的是，你所述说的这份友情应该是纯洁的、高尚的。

9. 我喜爱的文学（或其他）艺术形式

解题思路：“艺术形式”的范围很广泛，包括文学、绘画、手工、雕塑、音乐、舞蹈、电影、曲艺、建筑等。其中，文学形式又包括诗歌、戏剧、散文、小说等，电影形式又包括娱乐片、青春片、儿童片、武打片等。这个话题的关键是“喜爱”，即要说出留在你记忆深处、触动你感情的文学（或其他）艺术形式。

10. 谈谈卫生与健康

解题思路：本话题主要讲述卫生与健康之间的关系。在日常生活中，许多人都有不良卫生习惯，如随地吐痰，乱扔废弃物，用手指沾唾液数钞票、翻书、看报，朝人打喷嚏，在众人面前口若悬河、唾液四溅等。这些不良卫生习惯不仅影响了自己的形象，也不利于自己和他人的身体健康。

11. 我的业余生活

解题思路：说出自己在业余生活中喜欢做的事。你可能喜欢阅读报纸、期刊，可能喜欢旅游、看电影，可能爱好天文地理、草虫鸟兽，可能爱好收集邮票、古钱币、纪念章。说说生活中的爱好即可，但要注意这些爱好应该是健康、高尚的，抽烟酗酒等不健康的爱好或不文明的行为不能入题。

12. 我喜欢的季节（或天气）

解题思路：说出你喜欢某季节（或天气）的原因。也许是因为有一件始终令你难以忘怀的事发生在这个季节（或天气）；也许是因为在春天里，万物复苏、百花争艳带给了你希望；也许是因为在夏天的傍晚，你可以去院里乘凉，可以上树捉知了，可以观赏美丽的星空；也许是因为秋天那红红的枫叶、满眼的硕果给了你遐想；也许是因为你喜欢欣赏冬日里飘飘洒洒的雪花。你可以选取给你感受最深的季节（或天气），说出你的真情实感。

13. 学习普通话的体会

解题思路：可以从测试前的准备、测试的过程，以及与测试有关的事情说起，把学习的体会和感受说出来。例如，学习普通话不仅能增长语言知识、培养说话水平，而且能提高交际能力，增强克服困难的信心。

14. 谈谈服饰

解题思路：服饰具有许多特点。首先，服饰有遮体、御寒和装饰等功能，具有实用性；其次，服饰具有民族特色，许多民族都有自己的独特服装，它能体现出不同的风土人情；最后，服饰具有时代性，不同时代的着装迥然不同，反映出不同的价值观念、生活方式和社会心理。要说好本话题，就要从自己感悟最深的一点说起，尤其要选好切入点，从最易开展、最易表述的角度来说。

15. 我的假日生活

解题思路：你的假日生活包括哪些活动？是上网、听音乐、看电影、逛街，还是踢足球、打篮球？是约上好友知己结伴郊游，还是一个人安安静静地在咖啡馆看小说？选择其中一种或几种活动进行叙述即可。

16. 我的成长之路

解题思路：可以采用叙述或编故事的形式，说说你从不成熟到成熟的过程。例如，你生性胆小、怯懦、不善言辞，在课堂上读课文都会紧张得浑身发抖。后来，通过进行认真的课前准备，你敢于在课上发言了，慢慢变得大胆、成熟起来。当然，也可以通过想象，演绎自己由不成熟到成熟的故事。

17. 谈谈科技发展与社会生活

解题思路：科技即科学技术，如网络技术、核技术、生物技术等。科技能推进人类的发展，给人类带来财富、提供便捷和舒适；同时，科技也给人类带来了不安全感，导致了生存环境的恶化。本话题应从自身体会说说科技发展与社会生活两者之间的关系。

18. 我知道的风俗

解题思路：所谓风俗，就是积久而成的风气、习俗。这个话题涉及的内容很多，如风土人情、饮食习惯、文化活动、特色服饰等。

19. 我和体育

解题思路：可以谈谈你与体育的关系，以及你对体育的认识或看法。例如，你可以谈谈自己对长跑、体操、足球、篮球、游泳、乒乓球、溜冰、网球、呼啦圈、木兰拳、攀岩、划船、赛车等体育项目的看法。值得注意的是，对于所选择讲述的体育项目，你应有一定的了解和体会。

20. 我的家乡（或熟悉的地方）

解题思路：可以介绍家乡的全貌，也可以从不同的角度说说自己的家乡。例如，说说家乡生产的发展、人民生活的改善，说说家乡风俗，家乡的山水、名胜古迹等。注意尽可能抓住家乡的特点来说。

21. 谈谈美食

解题思路：生活中的美食很多，你可以选择自己或别人爱吃的，且你很熟悉的一种或若干种食品来说。可以介绍美食的形状、色泽、特点、口味、来源、制作过程等，也可以说说你喜欢这种美食的原因。

22. 我喜欢的节日

解题思路：节日包括国庆、元旦、春节、六一、中秋等，不同的节日有不同的特点。例如，国庆之夜，龙灯飞舞、焰火腾空、华灯闪耀，人们庆祝祖国伟大的成就；春节之夜有爆竹鞭炮、春联窗花，一家人欢聚一堂，辞旧迎新，其乐融融。哪一个节日是你最喜欢的呢？

23. 我所在的集体（学校、班级）

解题思路：这个话题比较宽泛，可供选择的人或事较多。作为学生，你所在的集体，从大的范围来说是学校，从小的范围来说有班级、宿舍、团体、小组等。你可以从几个不同的角度来介绍你所在的集体。例如，你可以介绍一下集体的氛围，是热爱学习、团结向上的，还是充满朝气、爱玩爱闹的；也可以介绍集体成员的特点和爱好，成员之间的关系等；还可以说说集体中发生的一些令你印象深刻的事情。

24. 谈谈社会公德（或职业道德）

解题思路：社会公德包括理解、自律、奉献、敬业、尊老爱幼、助人为乐等。在实际生活中，你可能见过闯红灯、与老弱病残抢座、在公共场合大声喧哗、随意扔纸屑烟蒂的人，也见过伸张正义、见义勇为、礼貌谦和、关心他人的人。你可以就耳闻目睹的一个事件发表看法。

25. 谈谈个人修养

解题思路：修养包括很多方面。例如，谦逊、礼貌、诚实，关心身边的人等，都是个人修养。你可以谈谈对个人修养的看法，也可以说说你在培养或提高个人修养的过程中的心得体会。

26. 我喜欢的明星（或其他知名人士）

解题思路：在你的生活中，哪个明星（或其他知名人士）令你钦佩、尊敬，甚至崇拜呢？他（她）或许是爱国敬业的著名科学家，或许是嗓音优美的歌星，或许是演技高超的演员，当然，也可以是勇于创新开拓的 CEO 总裁、运筹帷幄的总统等。

27. 我喜爱的书刊

解题思路：选择一本你喜爱的书刊并进行介绍，重点是说出这是一本怎样的书刊，以及你喜爱它的原因。你喜爱这本书刊的原因，可能是因为这本书刊来之不易，可能是因为这本书刊有你自己的文章，也可能是因为这本书刊内容丰富、构思巧妙，能带给人启示等。

28. 谈谈对环境保护的认识

解题思路：随着环境污染的日益严重，环境保护已成为现代社会的焦点问题。你可以讲讲身边的环境污染现象，谈谈你对环境保护的认识或看法。

29. 我向往的地方

解题思路：每个人都有自己向往的地方。在介绍你向往的地方时，既要介绍这个地方的特点，又要点明你为何向往。例如，你向往的地方是著名的名胜古迹、旅游胜地或某个场馆，因为这个地方有令人流连忘返的美景，或者有令你难忘的回忆。

30. 购物（消费）的感受

解题思路：大家在花钱购物时，有时候很顺利地就能买到自己称心的商品，有时候却颇费周折。你可以讲述你最满意或最纠结的一次消费经历，也可以针对社会上普遍存在的盲目消费、超前消费、“面子”消费等问题，谈谈理性消费的重要性。

第九章

普通话水平测试——让语音标准化

【引言】

普通话作为我们常用的交流工具，越来越受到社会的重视，很多特定职位都要求从业人员取得相应的普通话水平测试等级证书。那么，普通话水平测试分哪些等级？各等级的要求是什么？哪些人群需要参加测试？测试的内容是什么？这些问题将在本章详细解答。

第一节　普通话水平测试概述

普通话水平测试（PUTONGHUA SHUIPING CESHI，缩写为 PSC）是对应试人的普通话规范程度、熟练程度所进行的标准化、规范化的考试。全部测试内容均以口头方式进行，测试通过后，由国家专门机构发放全国通用的资格证书。

一、普通话水平测试的对象

根据国家有关文件规定，普通话水平测试的对象有：

① 教师和申请教师资格的人员。

② 广播电台、电视台的播音员、节目主持人。

③ 影视话剧演员。

④ 国家机关工作人员。

⑤ 师范类专业、播音与主持艺术专业、影视话剧表演专业以及其他与口语表达密切相关的专业的学生。

⑥ 行业主管部门规定的其他应该接受测试的人员。

⑦ 社会其他人员。

二、普通话水平的等级标准

国家语言文字工作委员会颁布的《普通话水平测试等级标准》，是划分普通话水平等级的全国统一标准。按照该标准规定，普通话水平等级分为三级，即一、二、三级，每个级别又划分为甲、乙两个等次。其中，一级甲等为最高，三级乙等为最低。普通话等级和对应分值如表 9-1 所示。

表 9-1　普通话等级和对应分值

普通话等级		分值
一级	甲等	97 分及其以上
	乙等	92 分及其以上但不足 97 分
二级	甲等	87 分及其以上但不足 92 分
	乙等	80 分及其以上但不足 87 分
三级	甲等	70 分及其以上但不足 80 分
	乙等	60 分及其以上但不足 70 分

（一）一级

甲等：朗读和自由交谈时，语音标准，词汇、语法正确无误，语调自然，表达流畅。测试总失分率在3%以内。

乙等：朗读和自由交谈时，语音标准，词汇、语法正确无误，语调自然，表达流畅。偶然有字音、字调失误。测试总失分率在8%以内。

（二）二级

甲等：朗读和自由交谈时，声韵调发音基本标准，语调自然，表达流畅。少数难点音（平翘舌音、前后鼻尾音、边鼻音等）有时出现失误。词汇、语法极少有误。测试总失分率在13%以内。

乙等：朗读和自由交谈时，个别调值不准，声韵母发音有不到位现象。难点音（平翘舌音、前后鼻尾音、边鼻音、fu—hu、z—zh—j、送气不送气、i—ü不分，保留浊塞音和浊塞擦音、丢介音、复韵母单音化等）失误较多。方言语调不明显。有使用方言词、方言语法的情况。测试总失分率在20%以内。

（三）三级

甲等：朗读和自由交谈时，声韵母发音失误较多，难点音超出常见范围，声调调值多不准。方言语调较明显。词汇、语法有失误。测试总失分率在30%以内。

乙等：朗读和自由交谈时，声韵母发音失误多，方音特征突出。方言语调明显。词汇、语法失误较多。外地人听其谈话有听不懂情况。测试总失分率在40%以内。

提 示

不同地区、不同职业对普通话等级的要求不同，如国家级和省级广播电台、电视台的播音员、节目主持人的普通话水平应达到一级甲等，公共服务行业的特定岗位人员（如广播员、解说员、话务员等）的普通话水平应不低于二级甲等，中小学及幼儿园、校外教育单位的教师的普通话水平应不低于二级。

三、测试内容和范围

普通话水平测试的内容包括普通话语音、词汇和语法。普通话水平测试的范围是国家测试机构编制的《普通话水平测试用普通话词语表》《普通话水平测试用普通话与方言词语对照表》《普通话水平测试用普通话与方言常见语法差异对照表》《普通话水平测试用朗读作品》及《普通话水平测试用话题》。

四、试卷构成和评分

普通话水平测试试卷包括四个部分，分别是读单音节字词、读多音节词语、朗读短文和命题说话，总分为100分。

（一）读单音节字词

1. 目的和要求

目的：测试应试人声母、韵母、声调读音的标准程度。

要求：读单音节字词100个，不含轻声、儿化音节，每个音节的声韵调必须饱满。100个单音节字词中，70%选自《普通话水平测试用普通话词语表》“表一”，30%选自“表二”。限时3.5分钟，共10分。

2. 评分标准

① 语音错误，每个音节扣0.1分；语音缺陷，每个音节扣0.05分。“语音错误”是指把普通话中的某一类声母、韵母或声调完全读成另一类声母、韵母或声调而造成的错误，如把舌尖后音zh、ch、sh读成舌尖前音z、c、s。“语音缺陷”是指普通话中声母、韵母或声调发音不够准确。例如，发舌尖后音zh、ch、sh时，舌尖的位置过前，但还未完全错读为舌尖前音；又如，上声调值214没有发完整等。

② 超时1分钟以内，扣0.5分；超时1分钟以上（含1分钟），扣1分。

3. 测试时注意事项

① 保持匀速，注意停顿，掌握好时间。

② 把每一个音节发完整，让读音到位而不过分夸张。有的应试人测试时仍像平时说话一样随意，很多音没有发完整，例如，阳平上到4，去声下到3，这个音节就结束了。这种调值不到位的情况是会被扣分的。

③ 不允许读出轻声和儿化音。

④ 每个字读一遍，如果确实需要改，可以读第二遍，但不允许读第三遍、第四遍。有第二遍读音的，一律以第二遍读音为准进行判定。

⑤ 多音字只需要读出一种读音，不要读出该字的所有读音。

⑥ 读时速度不要过快，以免发音不准确或不到位；也不要过慢，以免超时扣分。

（二）读多音节词语

1. 目的和要求

目的：测试应试人声母、韵母、声调和变调、轻声、儿化读音的标准程度。

要求：读多音节词语（100个音节），要求读出音变。限时2.5分钟，共20分。

2. 评分标准

① 语音错误，每个音节扣 0.2 分；语音缺陷，每个音节扣 0.1 分。

② 一个词语分开读，扣 0.5～1 分。

③ 词语变调处理不当，每次扣 0.1 分。

④ 超时 1 分钟以内，扣 0.5 分；超时 1 分钟（含）以上，扣 1 分。

3. 测试时注意事项

① 注意语速，词与词之间要有间隔；注意连读，不能一字一顿。

② 注意词的变调，例如，两个上声字相连时，第一个字变成阳平。

③ 注意轻声和儿化（每种分别有 3～5 个词）。一般儿化音有标注，注意看清。

④ 每个词读一遍，如果确实需要改，可以读第二遍，但不允许读第三遍、第四遍。有第二遍读音的，一律以第二遍读音为准进行判定。

（三）朗读短文

1. 目的和要求

目的：测查应试人使用普通话朗读书面作品的水平。在测查声母、韵母、声调读音标准程度的同时，重点测查连读音变、停连、语调及流畅程度。

要求：朗读短文 1 篇，从《普通话水平测试用朗读作品》的 60 篇朗读材料中任选，评分以朗读作品的前 400 个音节为限；限时 4 分钟，共 30 分。

2. 评分标准

① 每错读、漏读、增读 1 个音节，扣 0.1 分。

② 声、韵母语音有缺陷，视程度扣 0.5 分或 1 分。

③ 语调偏误，视程度扣 0.5 分、1 分或 2 分。

④ 停连不当，视程度扣 0.5 分、1 分或 2 分。

⑤ 朗读不流畅（包括回读），视程度扣 0.5 分、1 分或 2 分。

⑥ 超时扣 1 分。

3. 测试时注意事项

① 熟悉材料，理解文义。

② 自然流畅，不回读，不卡壳。

③ 抑扬得当，避免读书腔。

④ 以 400 个音节为限，超过双斜线后的错误、缺陷不扣分。

⑤ 有语音提示的，严格按照语音提示读。

⑥ 口语中习惯儿化，但语音提示没有注音的，有把握的可以儿化，但儿化得不对将扣分。标注了儿化而未读出的，算错误。

⑦ 不要随意添字、漏字和改字，外国人名、地名按照篇中文字念声、韵、调。

（四）命题说话

1. 目的和要求

目的：测查应试人在没有文字材料依托的情况下说普通话的水平，重点测查语音标准程度、词汇语法规范程度和自然流畅程度。

要求：说话话题从《普通话水平测试用话题》中选取，由应试人从给定的两个话题中选定 1 个话题，连续说一段话。限时 3 分钟，共 40 分。

2. 评分标准

① 语音标准程度，占 25 分。

② 词汇、语法规范程度，占 10 分。

③ 自然流畅程度，占 5 分。

④ 说话不足三分钟，酌情扣分；缺时 1 分钟以内（含 1 分钟），扣 1～3 分；缺时 1 分钟以上，扣 4～6 分；说话不足 30 秒（含 30 秒），本题不得分。

3. 测试时注意事项

① 内容要求：言之有物——重内容，言之有理——合逻辑，言之有文——讲修辞。

② 语音要求：做到发音准确、语调自然。

③ 词汇、语法要求：不用方言词和方言句式，少用书面语言，不用时髦语。

④ 自然流畅程度要求：少用长句，减少口头禅，不背稿。

⑤ 准备要求：审题准备——确定中心思想，框架准备——列好提纲，词汇准备——找好经典用词，两头准备——抓好开始和结尾。

资料链接

普通话水平测试样卷

一、读单音节字词（100 个音节，共 10 分，限时 3.5 分钟）

瓜	穷	屡	知	狂	正	裘	中	恒	社
宫	铁	翁	念	劳	天	旬	沟	狼	口
昼	八	迷	先	毡	皮	幕	美	彻	飞
鸣	破	捶	风	豆	蹲	霞	掉	桃	定
司	滕	寸	峦	岸	勒	歪	尔	熊	妥
皇	水	君	人	伙	自	滑	早	绢	足
靴	娘	嫩	机	蕊	家	跪	绝	趣	全
槐	事	轰	竹	掠	茶	肩	常	概	虫
炒	次	渴	酸	勤	鱼	筛	院	腔	爱
鳖	袖	滨	竖	搏	刷	瞟	帆	彩	愤

二、读多音节词语（100 个音节，共 20 分，限时 2.5 分钟）

队伍	挖潜	女士	科学	手指	策略	抢劫	森林
取得	阳台	儿童	夹缝儿	混淆	衰落	分析	防御
沙丘	管理	此外	便宜	光环	塑料	扭转	加油
侨眷	模特儿	港口	没准儿	干净	日用	紧张	炽热
群众	名牌儿	沉醉	快乐	窗户	财富	应当	生字
奔跑	晚上	卑劣	包装	洒脱	现代化	委员会	轻描淡写

三、朗读短文（400 个音节，共 30 分，限时 4 分钟）

我爱月夜，但我也爱星天。从前在家乡七八月的夜晚在庭院里纳凉的时候，我最爱看天上密密麻麻的繁星。望着星天，我就会忘记一切，仿佛回到了母亲的怀里似的。

三年前在南京我住的地方有一道后门，每晚我打开后门，便看见一个静寂的夜。下面是一片菜园，上面是星群密布的蓝天。星光在我们的肉眼里虽然微小，然而它使我们觉得光明无处不在。那时候我正在读一些天文学的书，也认得一些星星，好像它们就是我的朋友，它们常常在和我谈话一样。

如今在海上，每晚和繁星相对，我把它们认得很熟了。我躺在舱面上，仰望天空。深蓝色的天空里悬着无数半明半昧的星。船在动，星也在动，它们是这样低，真是摇摇欲坠呢！渐渐地我的眼睛模糊了，我好像看见无数萤火虫在我的周围飞舞。海上的夜是柔和的，是静寂的，是梦幻的。我望着许多认识的星，我仿佛看见它们在对我眨眼，我仿佛听见它们在小声说话。这时我忘记了一切。在星的怀抱中我微笑着，我沉睡着。我觉得自己是一个小孩子，现在睡在母亲的怀里了。

有一夜，那个在哥伦波上船的英国人指给我看天上的巨人。他用手指着：//那四颗明亮的星是头，下面的几颗是身子，这几颗是手，那几颗是腿和脚，还有三颗星算是腰带。经他这一番指点，我果然看清楚了那个天上的巨人。看，那个巨人还在跑呢！

——节选自巴金《繁星》

四、命题说话（请在下列话题中任选一个，共 40 分，限时 3 分钟）

1. 我的业余生活
2. 我熟悉的地方

第二节　普通话水平测试的应对策略与技巧

普通话水平测试看起来容易，好像只是动动口即可。其实，这种考试实际上是对应试人语言组织能力、口头表达能力、心理承受能力、应变能力等各项能力的综合考查，应试人要想在普通话测试中取得好成绩，除了要有扎实的文化知识外，还应掌握一些应对策略和技巧。

一、普通话水平测试的应对策略

通过大量的测试实践，我们认为，要想在测试中应付自如，取得预期的效果，应该努力做到以下几点。

（一）注重知识积累

国家语言文字工作委员会制定的《普通话水平测试大纲》（以下简称《大纲》）中，给应试人提供了学习的依据。有些县、市结合当地的语言实际情况，编写了相应的测试或备考手册。每一个应试人都应该认真学习和领会《大纲》的基本要求和具体的测试程序、测试内容，了解并掌握自己的方言与普通话之间的差异及对应关系。

知识的积累是需要一个过程的，语言的进步也是在知识积累的过程中得以提高的。每一个应试人都应该认真地向书本学、向生活学、向朋友学。特别是语言文字功底较差的应试人，更应该认真阅读、认真学习《大纲》规定的测试内容，反复训练其中的常用字词、朗读作品等。

（二）提高心理承受能力

应试人在考试时的情绪是影响其普通话水平测试成绩的一个重要因素。在普通话测试中，经常出现一些平时基础较好的学生因为心理紧张而测试失败的情况。

提高心理承受能力是一个长期的、艰苦的工作。在校学生应踊跃参加各种活动，如演讲比赛、诗歌朗诵比赛、辩论赛、讲故事比赛等，抓住每一个展示自己的机会。此外，还应在平时有意识地锻炼自己的心理承受能力，增强自信，敢于在众人面前表现真实的自我，敢于与陌生人平等、自由地交流，敢于面对批评、斥责，勇于承担责任，从而慢慢提高自己的心理承受能力。

（三）提高应变能力

在测试过程中，有可能会出现突然停电、录音设备故障、考场纪律欠佳等意外情况。这就要求应试人具有一定的应变能力，能从容面对出现的各种意外情况，不急不躁、不怨不恨，保持平和的心态。

应变能力的培养不是一朝一夕的事情，应试人要在平时的学习、工作中有意识地锻炼自己，如学习如何与陌生人打交道，学习冷静地处理突发事件等。

（四）提高语言运用能力

普通话水平测试的形式是口试，这就要求应试人在“读”和“说”，特别是“说”的过程中，注意语言的组织和表达。

测试时，应试人必须用普通话的逻辑去思考、回答问题，尤其在组织语言时，一定要符合普通话的用词用语规范。

语言的表达最能体现应试人运用语言的能力和普通话水平。那么，如何成为善于运用语言的人呢？诀窍在于多听、多说、多记。多听，如听广播、听电视、听别人讲话，主要是听别人如何说一口流利的普通话；多说是指平时要敢于说、坚持说，只有多说，才能形成语感；多记是指听和说的时候，要注意自己难以掌握的音，并一一记录下来，逐个攻破。

以上就是应试人顺利通过考试的基础，也是应试人参加测试取得好成绩的根本策略。当然，具备这些条件，并不意味着肯定能取得好的成绩，应试人还应掌握一些测试时的技巧。

二、普通话水平测试的技巧

（一）合理安排备考时间

应试人在考前十分钟会进行抽卷。抽到试题后，应试人应合理、充分地利用这短暂的十分钟进行备考。一般来说，首先，应试人应在四分钟以内看完第一题和第二题，在看题过程中，应注意多音字、生僻字、形近字的发音，以及儿化词和轻声词的发音。然后，应试人可花两分钟左右的时间，以适当的语速默读第三题的文章，读准、读顺即可，不需要带上感情。

第四题的分值最高，准备时间也应最长，应试人起码应用四分钟以上的时间来进行准备。本题有两个话题可供选择，应试人应在十秒钟之内确定话题。话题一旦明确，应试人就要平静下来，在脑海中快速梳理一遍说话内容，避免在测试时由于一时紧张而出现无话可说的尴尬情况。

（二）合理地“违规”

普通话水平测试的目的是考查应试人普通话的真实水平而非其他，因此，应试人在测试过程中的合理“违规”是被允许的。例如，在完成第一题、第二题时，应试人可以读两遍，记分以第二遍为准。朗读项（即第三题）可以回读，虽然回读一次扣 0.2 分，但在漏读了一句话的情况下，回读可以避免丢失更多的分数。

第三节　计算机辅助普通话水平测试

普通话水平测试工作一直以来都是靠人工评测应试人的语音标准程度来完成测试任务的，但由于人工测试工作量大、劳动强度高，存在个别读音漏听、误判的现象。为了提高普通话测试的公平、公正和科学性，教育部、国家语言文字工作委员会于 2007 年 9 月 4 日正式启用了计算机辅助普通话水平测试系统。为了顺利通过普通话水平测试，应试人在上机测试前应当了解并熟悉机测的基本流程。

一、总体流程

计算机辅助普通话水平测试的总体流程如图 9-1 所示。

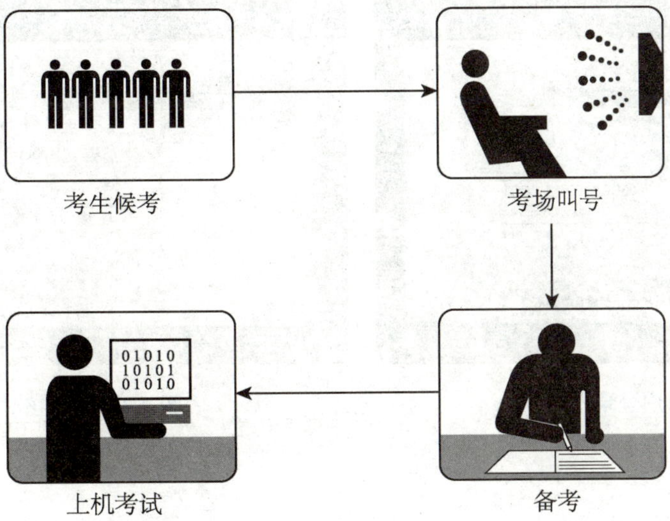

图 9-1　普通话水平测试的总体流程

① 候考。测试当天，应试人应提前 30 分钟到达考试地点。到达后，先进入检录室报到，然后核对“信息登记表”上的个人信息并签名确认。

② 考场叫号。考场工作人员会根据测试站点的测试机数量和应试人报到的顺序编制测试组。

③ 备考。应试人根据其所在测试组的序列编号进入相应的备考席进行备考。

④ 进行测试。应试人根据其所在测试组的序列编号到达相应机位进行测试。

二、上机考试的具体流程

（一）佩戴耳机

智能测试软件启动之后，系统将弹出佩戴耳机的提示。应试人戴好耳机，并将话筒置于嘴巴正前方，单击“下一步”按钮。

（二）应试人登录

① 进入用户登录界面（见图 9-2），输入应试人准考证号的后 4 位。

② 应试人确认准考证号无误之后单击“进入”按钮。

③ 如果输入有误，应试人可以单击“修改”按钮，然后重新输入。

（三）信息核对

信息核对界面如图 9-3 所示。如果界面上显示的应试人姓名、准考证号准确无误，应试人可单击“确认”按钮。

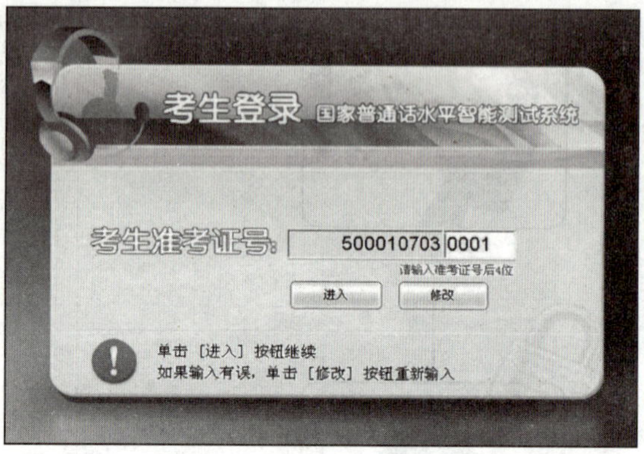

图 9-2　用户登录界面

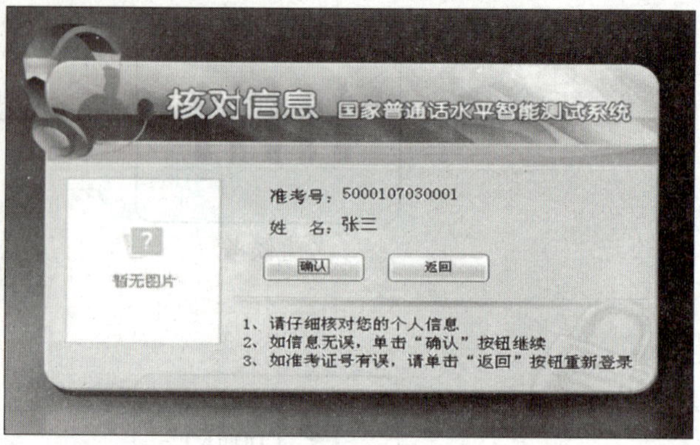

图 9-3　信息核对界面

（四）系统试音

正式测试之前，系统将对应试人的音量进行调节（试音），应试人应按要求配合试音。系统试音界面如图 9-4 所示。

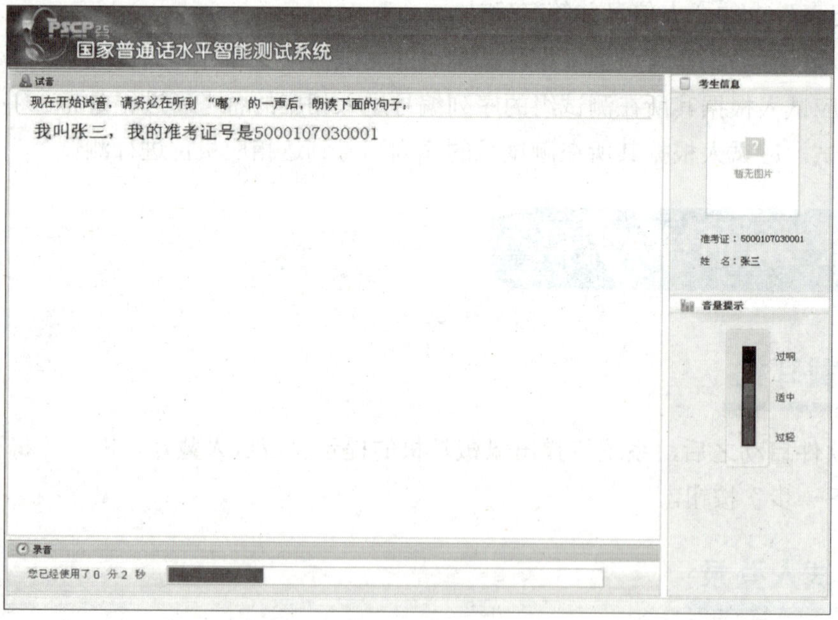

图 9-4　系统试音界面

（五）开始测试

第一题的测试界面如图 9-5 所示。应试人依据电脑提供的测试内容横向逐行朗读。朗读完毕后，单击右下角的“下一题”按钮，进入第二题的测试界面。第一题和第二题的字词通常是一行黑字、一行蓝色，以示区别。

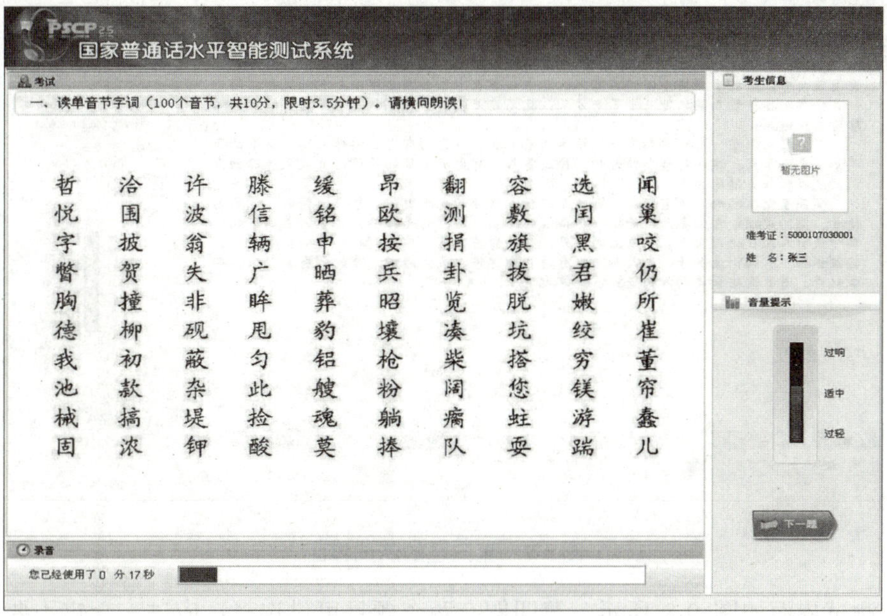

图 9-5 第一题的测试界面

第二题的测试界面如图 9-6 所示。应试人要根据电脑提供的测试内容横向逐行朗读。朗读完毕后，单击右下角的“下一题”按钮，进入第三题的测试界面。

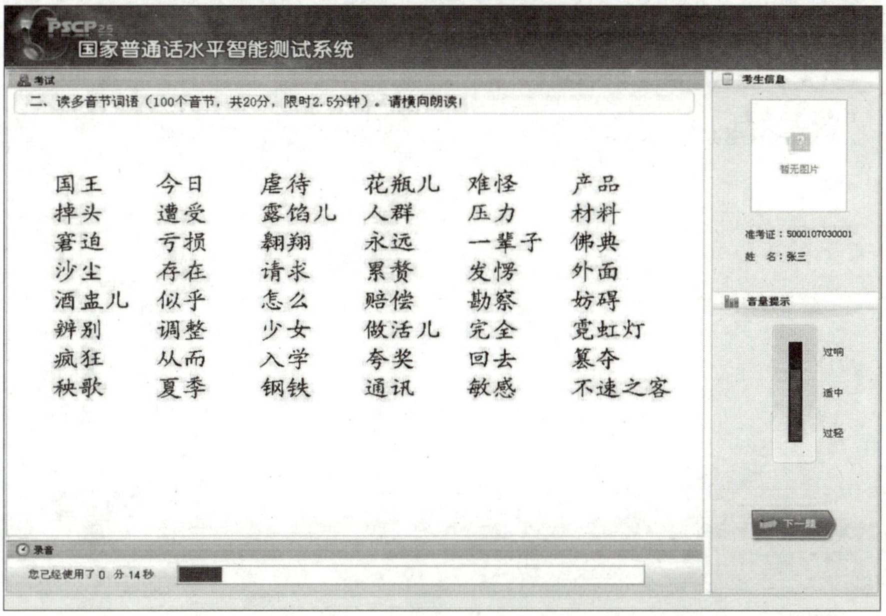

图 9-6 第二题的测试界面

第三题的测试界面如图 9-7 所示。朗读过程中要注意语速和节奏。朗读完毕后，单击右下角的“下一题”按钮，进入第四题的测试界面。

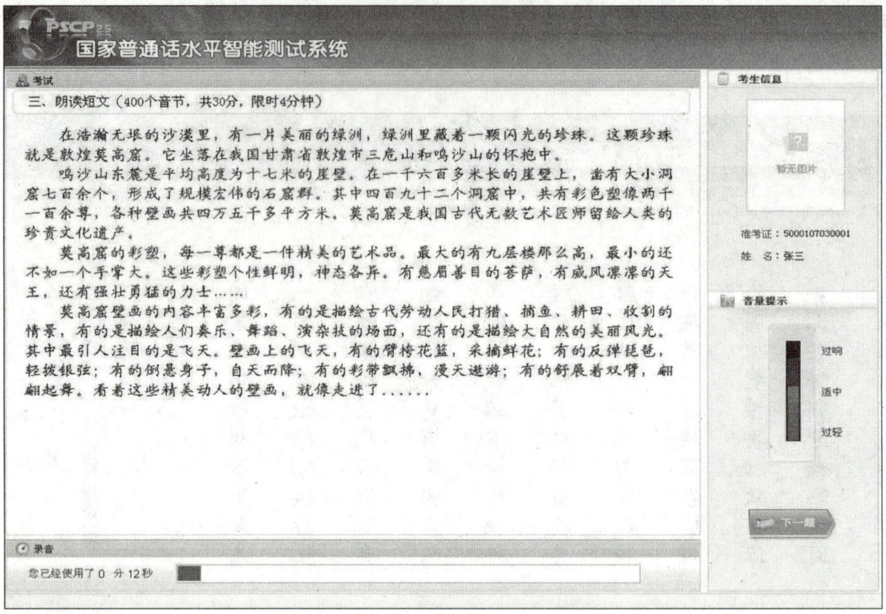

图 9-7　第三题的测试界面

第四题的测试界面如图 9-8 所示。第四题有两个题目可供选择，应试人一定不要点击题目，而要直接朗读出自己选中的题目。命题说话要说满三分钟。在说话过程中，应试人要注意查看屏幕下方的时间进度条，只有当时间进度条运行到结束时，说话时间才达到三分钟。整个考试过程中，应试人不能携带草稿、大纲等进入测试室，更不能按携带的资料进行读稿。

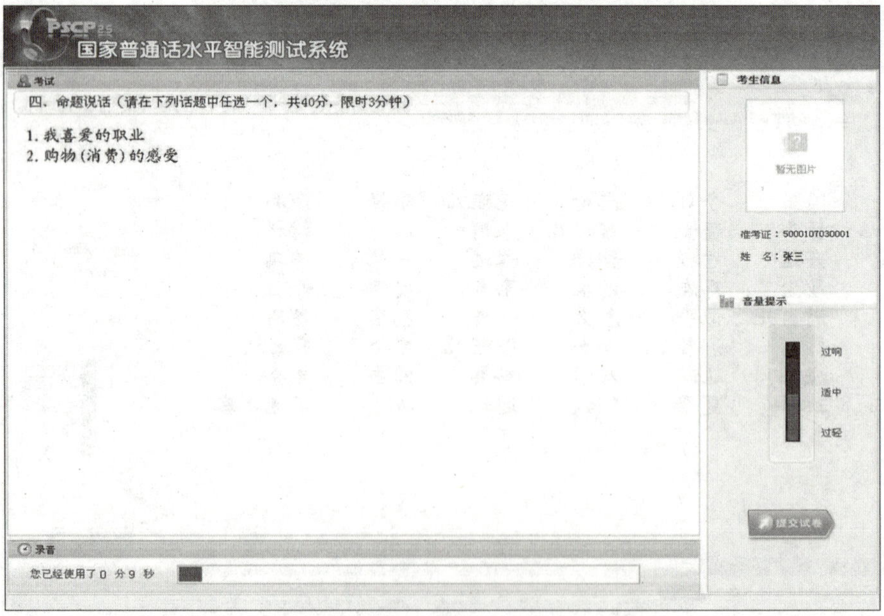

图 9-8　第四题的测试界面

（六）测试结束

三分钟倒计时结束，系统会自动提交试卷并弹出提示框，表示测试成功，界面如图 9-9 所示。

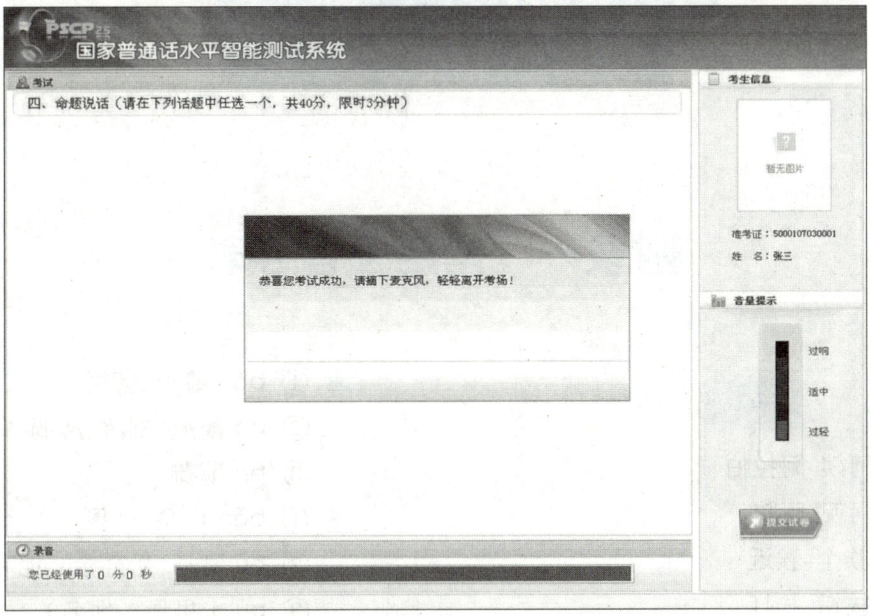

图 9-9 测试结束界面

附　录

附录一　常用多音字表

A

阿 ① ā 阿姨　阿拉伯
② ē 阿谀　阿胶

挨 ① āi 挨个　挨近
② ái 挨饿　挨打

艾 ① ài 方兴未艾　艾蒿
② yì 自怨自艾

熬 ① āo 熬豆腐　熬白菜
② áo 熬药　熬夜

B

扒 ① bā 扒着栏杆　扒皮
② pá 扒手　扒鸡

把 ① bǎ 把握　把关　车把
② bà 刀把儿　话把儿

柏 ① bǎi 柏树　柏油　姓柏
② bó 柏林
③ bò 黄柏

膀 ① bǎng 肩膀　翅膀
② bàng 吊膀子
③ pāng 膀肿
④ páng 膀胱

蚌 ① bàng 河蚌　鹬蚌相争
② bèng 蚌埠（地名）

磅 ① bàng 过磅　磅秤
② páng 磅礴

薄 ① báo 薄板　薄饼
② bó 淡薄　刻薄　薄弱
③ bò 薄荷

堡 ① bǎo 堡垒　碉堡
② bǔ 堡子　瓦窑堡（地名）
③ pù 十里堡（地名）

暴 ① bào 暴动　凶暴　暴躁
② pù 一暴（曝）十寒

背 ① bēi 背东西　背包袱
② bèi 背脊　违背　背诵

奔 ① bēn 奔跑　奔放　奔流
② bèn 投奔　奔头儿

绷 ① bēng 绷带　棕绷　绷紧
② běng 绷着个脸
③ bèng 绷硬　绷脆　绷直

辟 ① bì 复辟　辟邪
② pì 开辟　辟谣　透辟

臂 ① bì 臂膀　臂助　臂章
② bei 胳臂

扁 ① biǎn 扁平　扁豆　扁担
② piān 扁舟

便 ① biàn 方便　随便　便条
② pián 便宜　大腹便便

别 ① bié 分别　类别　别人
② biè 别扭

瘪 ① biē 瘪三
② biě 干瘪　瘪嘴

剥 ① bō 剥削 剥夺
② bāo 剥花生 剥皮
伯 ① bó 伯父 河伯（神名）
② bǎi 大伯子
卜 ① bǔ 占卜 预卜 姓卜
② bo 萝卜

C

采 ① cǎi 采用 采购 神采
② cài 采地 采邑
参 ① cān 参加 参考 参谋
② shēn 人参 海参 参商
③ cēn 参差不齐
藏 ① cáng 埋藏 躲藏 藏书
② zàng 西藏 宝藏 藏青
侧 ① cè 侧面 侧目
② zhāi 侧歪 侧棱
③ zè 平侧（仄）
叉 ① chā 刀叉 交叉 叉腰
② chá 叉住
③ chǎ 叉着腿
④ chà 劈叉
差 ① chà 差不多 成绩差
② chā 差别 差错 差数
③ chāi 差遣 出差 当差
④ cī 参差不齐
颤 ① chàn 颤动 颤音
② zhàn 颤（战）栗
长 ① cháng 长短 特长 长期
② zhǎng 生长 长辈 首长
场 ① cháng 一场雨 场院 一场大战
② chǎng 广场 市场 立场 战场
朝 ① cháo 朝前 朝代 朝廷
② zhāo 朝阳 朝气 朝夕
吵 ① chǎo 争吵 吵闹 吵醒
② chāo 吵吵
车 ① chē 车辆 车间
② jū （象棋棋子名）

称 ① chēng 名称 称赞
② chèn 称心 称职 对称
匙 ① chí 汤匙
② shi 钥匙
仇 ① chóu 仇敌 报仇
② qiú 姓仇
臭 ① chòu 臭气
② xiù 乳臭 铜臭
处 ① chǔ 处理 处分 相处 处方
② chù 处所 好处 办事处
揣 ① chuāi 揣在怀里
② chuǎi 揣测 揣摩
③ chuài 挣揣
传 ① chuán 传递 传统 宣传 传播
② zhuàn 小传 传记
幢 ① chuáng 经幢 人影幢幢
② zhuàng 一幢楼
创 ① chuāng 创伤 刀创
② chuàng 创造 创刊
刺 ① cī 刺溜
② cì 刺杀 讽刺 鱼刺

D

答 ① dā 答应 答理
② dá 问答 报答
打 ① dá 一打 苏打
② dǎ 打击 打扫 打扮
大 ① dà 大众 大约 大小
② dài 大夫（医生）
待 ① dāi 待一会儿
② dài 等待 待遇
逮 ① dǎi 逮老鼠
② dài 逮捕 力所不逮
担 ① dān 担水 担任 担架
② dàn 担子 重担
单 ① dān 简单 单数 单据
② chán 单于（匈奴君主的称号）
③ shàn 姓单
弹 ① dàn 子弹 炸弹

② tán 弹琴 弹性

当 ① dāng 当选 应当 相当 当地

② dàng 妥当 当真 当铺

挡 ① dǎng 阻挡 挡驾

② dàng 摒挡

倒 ① dǎo 倒下 倒闭 颠倒

② dào 倒退 倒茶 倒序

得 ① dé 得到 得意 得当

② děi 可得注意

③ de 好得很 看得见

的 ① de 我的书 红的花

② dí 的确

③ dì 目的 有的放矢

翟 ① dí 墨翟（墨子）

② zhái 姓翟

地 ① dì 地球 土地 质地

② de 好好地学习

佃 ① diàn 佃户 佃皮

② tián 佃作

调 ① diào 调查 调动 曲调

② tiáo 调和 调整 调皮

钉 ① dīng 钉子 钉住 钉耙

② dìng 钉扣子 钉本子

都 ① dū 首都 都市

② dōu 都是 都有 都要

读 ① dú 读书 朗读 读音

② dòu 句读

肚 ① dù 肚子 肚量

② dǔ 猪肚子 羊肚儿

度 ① dù 程度 温度 制度

② duó 忖度 揣度 度德量力

囤 ① dùn 粮囤 花生囤

② tún 囤积 囤粮

E

恶 ① è 恶劣 凶恶 恶化

② ě 恶心

③ wū（叹词，表示惊讶）

④ wù 可恶 厌恶

F

发 ① fā 发生 发表 发达

② fà 理发 发指

番 ① fān 三番五次 番茄

② pān 番禺（地名）

坊 ① fāng 牌坊 坊间

② fáng 磨坊 染坊

菲 ① fēi 芳菲 菲律宾

② fěi 菲薄 菲仪

分 ① fēn 分开 分别 分数

② fèn 本分 成分 充分 分外

缝 ① féng 缝纫 缝合

② fèng 裂缝 缝隙

佛 ① fó 佛教 佛山（地名）

② fú 仿佛

服 ① fú 服装 服从 服役

② fù 一服药

脯 ① fǔ 肉脯 果脯

② pú 胸脯

G

盖 ① gài 盖子 盖楼 覆盖

② gě 姓盖

干 ① gān 干燥 干涉 干脆

② gàn 干活 干部 才干

杆 ① gān 旗杆 栏杆 桅杆

② gǎn 笔杆儿 一杆枪

岗 ① gāng 花岗石

② gǎng 岗位 岗楼 岗哨

膏 ① gāo 牙膏 膏药 膏腴

② gào 膏车 膏墨

搁 ① gē 耽搁 搁浅

② gé 搁不住

蛤 ① gé 蛤蜊 蛤蚧

② há 蛤蟆

葛 ① gé 葛布 葛藤 纠葛
② gě 姓葛
个 ① gè 个人 个性 个儿
② gě 自个儿
给 ① gěi 送给
② jǐ 供给 自给自足 给予
更 ① gēng 更改 更新 自力更生
② gèng 更加 更上一层楼
供 ① gōng 供给 供销
② gòng 供认 供词 供奉
勾 ① gōu 勾结 勾销 勾画
② gòu 勾当 姓勾
估 ① gū 估计 估量 估价
② gù 估衣
骨 ① gū 骨朵儿 骨碌
② gǔ 骨骼 骨肉 骨气 骨头
观 ① guān 观看 壮观 乐观
② guàn 姓观 白云观（道教庙宇）
冠 ① guān 衣冠 冠冕堂皇
② guàn 冠军 姓冠
龟 ① guī 乌龟 龟甲
② jūn 龟裂
③ qiū 龟兹（地名）
过 ① guō 姓过
② guò 过去 过分 过错

H

哈 ① hā 哈哈笑 哈腰 哈尼族
② hǎ 姓哈 哈达
汗 ① hán 可汗
② hàn 出汗 汗衫
好 ① hǎo 好人 友好 好看
② hào 爱好 好高骛远 好奇 好胜
号 ① háo 呼号 号叫
② hào 号角 记号 号码 号召
喝 ① hē 喝水
② hè 喝令 喝彩
和 ① hé 和平 和解 和谐
② hè 应和 附和
③ huó 和面 和泥
④ huò 和药
⑤ huo 暖和 搅和 掺和
⑥ hú 和了（打牌用语）
荷 ① hé 荷花 荷包
② hè 负荷 感荷
核 ① hé 核心 核对
② hú 桃核儿
横 ① héng 横幅 横行 横竖
② hèng 蛮横 横暴 横财
哄 ① hōng 哄堂大笑
② hǒng 哄骗
③ hòng 起哄 一哄而散
红 ① hóng 红色 红旗
② gōng 女红
虹 ① hóng 彩虹 霓虹灯
② jiàng 出虹了
糊 ① hū 糊了一层泥
② hú 糊涂 裱糊 糊口
③ hù 面糊 糊弄
华 ① huá 中华 华丽 才华
② huà 姓华 华山（山名）
划 ① huá 划船 划得来 划玻璃
② huà 划分 计划 划时代
还 ① hái 还是 还有 还要
② huán 还原 归还
晃 ① huǎng 晃眼 一晃
② huàng 摇晃 晃荡 晃悠
会 ① huì 开会 会合 机会
② kuài 会计 财会
混 ① hún 混蛋
② hùn 混合 混纺 混乱 混沌
豁 ① huō 豁口 豁出命
② huò 豁达 豁然开朗
③ huá 豁（划）拳

J

缉 ① jī 通缉 缉捕

② qī 缉鞋口 缉边儿

几 ① jī 几乎 茶几儿

② jǐ 几个 几何

纪 ① jì 纪念 世纪 纪律

② jǐ 姓纪

济 ① jǐ 济南（地名）

② jì 救济 经济

夹 ① jiā 夹道 夹杂 夹子

② jiá 夹袄 夹被

③ gā 夹肢窝

贾 ① jiǎ 姓贾

② gǔ 商贾 余勇可贾

假 ① jiǎ 假造 假如 假借

② jià 放假 请假

间 ① jiān 中间 房间 时间

② jiàn 离间 间断 间谍 间隔

监 ① jiān 监察 监考 监狱

② jiàn 太监 监利（地名）姓监

槛 ① jiàn 兽槛 槛车

② kǎn 门槛

将 ① jiāng 将来 将军 将息

② jiàng 将领 将兵 将官

浆 ① jiāng 豆浆 泥浆 浆洗

② jiàng 浆（糨）糊

降 ① jiàng 降落 降临 降温 姓降

② xiáng 投降 降伏 劝降

嚼 ① jiáo 嚼碎 嚼舌

② jiào 倒嚼

③ jué 咀嚼

角 ① jiǎo 牛角 角落 号角

② jué 角斗 角色

脚 ① jiǎo 脚步 山脚 脚镣

② jué 脚（角）色

教 ① jiāo 教书

② jiào 教育 教训 宗教

节 ① jiē 节子

② jié 季节 节日 节省

结 ① jiē 结实 结巴 结果子

② jié 结合 结论 打结 团结

解 ① jiě 分解 解放 解答 解决

② jiè 起解 解运 解元

③ xiè 姓解

芥 ① jiè 芥菜 芥末

② gài 芥蓝菜

尽 ① jǐn 尽管 尽先 尽快

② jìn 尽力 尽职 尽情

禁 ① jīn 禁受 不禁

② jìn 禁止 禁锢 禁忌 禁闭

据 ① jū 拮据

② jù 依据 证据 占据

卷 ① juǎn 卷尺 卷烟 花卷儿 卷舌音

② juàn 卷宗 试卷

觉 ① jué 感觉 觉悟

② jiào 睡觉

倔 ① jué 倔强

② juè 倔头倔脑

菌 ① jūn 细菌 病菌

② jùn 菌子

浚 ① jùn 浚河 疏浚

② xùn 浚县（地名）

K

咖 ① kā 咖啡

② gā 咖喱

卡 ① kǎ 卡车 卡片

② qiǎ 关卡 卡子 卡住

看 ① kān 看守 看家

② kàn 看见 看病

扛 ① káng 扛枪 扛活

② gāng 力能扛鼎

壳 ① ké 蛋壳 贝壳

② qiào 地壳 甲壳 躯壳

可 ① kě 可以 可能 可爱

② kè 可汗

吭 ① kēng 一声不吭

② háng 引吭高歌

空 ① kōng 空想 天空

② kòng 空白 空闲

溃 ① kuì 溃败 溃烂 溃疡

② huì 溃脓

L

拉 ① lā 拉车 拉拢 拉倒

② lá 手上拉个口子

③ lǎ 半拉

烙 ① lào 烙印 烙饼 烙铁

② luò 炮烙（古酷刑）

勒 ① lè 勒索 勒令

② lēi 勒紧点

乐 ① lè 快乐 乐观 姓乐

② yuè 音乐 姓乐（与 lè 不同姓）

累 ① léi 累赘 果实累累

② lěi 累积 罪行累累

③ lèi 劳累

擂 ① léi 擂鼓

② lèi 擂台 打擂

俩 ① liǎ 咱俩 兄弟俩

② liǎng 伎俩

量 ① liáng 测量 衡量

② liàng 数量 力量

撩 ① liāo 撩起来

② liáo 撩拨

燎 ① liáo 燎原

② liǎo 把头发燎了

淋 ① lín 淋巴 淋浴 淋漓尽致

② lìn 淋盐 淋病

令 ① líng 令狐（复姓）

② lǐng 一令纸

③ lìng 命令 时令

溜 ① liū 溜冰 溜走 溜须拍马

② liù 一溜儿烟

馏 ① liú 蒸馏 馏分

② liù 把馒头馏一馏

六 ① liù 第六

② lù 六安（地名）

笼 ① lóng 笼头 笼子 蒸笼

② lǒng 笼罩 笼络 笼统

搂 ① lōu 搂柴火

② lǒu 搂抱

陆 ① lù 陆地 陆续 姓陆

② liù “六”的大写

露 ① lù 露水 暴露 露骨 抛头露面

② lòu 露底 露马脚

绿 ① lǜ 绿色

② lù 绿林好汉 鸭绿江

率 ① lǜ 效率 出勤率

② shuài 率领 轻率 直率

论 ① lún《论语》

② lùn 评论 理论 讨论

落 ① luò 涨落 落魄 着落 降落

② lào 落炕 落枕 落色

③ là 丢三落四

④ luō 大大落落

M

蚂 ① mā 蚂螂

② mǎ 蚂蚁 蚂蟥

③ mà 蚂蚱

埋 ① mái 埋葬 埋没 埋头

② mán 埋怨

脉 ① mài 动脉 脉搏 山脉

② mò 脉脉含情

蔓 ① màn 蔓延 蔓草

② wàn 瓜蔓 花蔓 顺蔓摸瓜

③ mán 蔓菁

没 ① méi 没有

② mò 沉没 没落 没收

闷 ① mēn 闷热

② mèn 苦闷 闷气

蒙 ① mēng 蒙骗 蒙头转向

② méng 启蒙 蒙蔽 蒙受
③ měng 蒙古族
眯 ① mī 眯缝 笑眯眯
② mí 沙子眯了眼
靡 ① mí 奢靡 靡费
② mǐ 风靡 靡丽
泌 ① mì 分泌 泌尿
② bì 泌阳（地名）
秘 ① mì 秘密 秘方
② bì 秘鲁（国名）
模 ① mó 模范 模仿 模糊
② mú 模具 模样
磨 ① mó 磨炼 折磨 磨灭
② mò 磨坊 磨豆腐
抹 ① mǒ 涂抹 抹黑 抹杀
② mò 抹墙 转弯抹角
③ mā 抹布

N

哪 ① nǎ 哪里
② na（用在感叹句末的语气助词）
③ né 哪吒
那 ① nā 姓那
② nà 那里
难 ① nán 艰难 难免 为难
② nàn 灾难 非难
呢 ① ne 怎么办呢
② ní 毛呢 呢喃
泥 ① ní 泥土 印泥
② nì 泥古 拘泥
尿 ① niào 尿素 尿布
② suī 尿脬
宁 ① níng 安宁 宁静 姓宁
② nìng 宁可 宁死不屈
拧 ① níng 拧毛巾
② nǐng 拧螺丝
③ nìng 拧脾气
弄 ① nòng 玩弄 弄饭
② lòng 弄堂
疟 ① nüè 疟疾
② yào 发疟子
娜 ① nuó 婀娜 袅娜
② nà（多用于人名）

O

哦 ① ó 哦，他也要来？
② ò 哦，我明白了。
③ é 吟哦

P

排 ① pái 排列 排除 排演
② pǎi 排子车
胖 ① pàng 肥胖
② pán 心宽体胖
刨 ① páo 刨土 刨根儿
② bào 刨床 刨平
炮 ① bāo 炮羊肉
② páo 炮制
③ pào 炮兵 炮弹
跑 ① pǎo 跑步 逃跑
② páo 虎跑泉（泉名，在杭州）
泡 ① pāo 泡桐 眼泡
② pào 泡沫 泡影
喷 ① pēn 喷泉 喷嚏
② pèn 喷香
劈 ① pī 劈山 劈头盖脸
② pǐ 劈柴
片 ① piān 相片儿 唱片儿
② piàn 片段 片面 片言
漂 ① piāo 漂泊 漂移
② piǎo 漂白 漂白粉
③ piào 漂亮
撇 ① piē 撇开 撇油
② piě 撇嘴 撇捺 一撇
屏 ① píng 屏风 屏幕

② bǐng 屏除 屏弃

③ bīng 屏营

迫 ① pò 逼迫 压迫 急迫

② pǎi 迫击炮

仆 ① pū 前仆后继

② pú 仆从 仆仆风尘

铺 ① pū 铺垫 铺张

② pù 铺面 床铺

朴 ① pǔ 朴素

② pō 朴刀

③ pò 朴硝

④ piáo 姓朴

Q

栖 ① qī 两栖 栖身

② xī 栖栖

奇 ① qí 奇特 奇迹

② jī 奇数

铅 ① qiān 铅矿 铅笔 铅字

② yán 铅山（地名）

呛 ① qiāng 呛着了 吃呛了

② qiàng 呛人 够呛

强 ① qiáng 强大 强化

② qiǎng 强迫 强词夺理

③ jiàng 倔强

悄 ① qiāo 静悄悄

② qiǎo 悄然 悄声

翘 ① qiáo 翘首 翘望

② qiào 翘舌音 翘尾巴

切 ① qiē 切开 切线 切磋

② qiè 切实 迫切 一切

茄 ① qié 茄子 番茄

② jiā 雪茄

亲 ① qīn 亲属 亲切

② qìng 亲家 亲家母

区 ① qū 区别 地区

② ōu 姓区

曲 ① qū 弯曲 歪曲 姓曲

② qǔ 歌曲 曲艺

圈 ① quān 圆圈

② juàn 猪圈

③ juān 把鸭圈起来

雀 ① què 麻雀 雀斑

② qiāo 雀子

③ qiǎo 雀盲眼

R

嚷 ① rǎng 嚷叫

② rāng 嚷嚷

任 ① rèn 信任 任命 任务

② rén 姓任 任县（地名）

S

撒 ① sā 撒网 撒娇 撒谎

② sǎ 撒种 撒播

塞 ① sāi 塞子 塞住

② sài 要塞 塞翁失马

③ sè 阻塞 塞责 塞音

散 ① sàn 散会 散发 散步

② sǎn 散文 散装 懒散

丧 ① sāng 丧事

② sàng 丧失 颓丧

扫 ① sǎo 扫地 扫兴 扫射

② sào 扫帚

色 ① sè 颜色 脸色 货色

② shǎi 落色 退色 色子

刹 ① shā 刹车

② chà 古刹 刹那

煞 ① shā 煞车 煞尾 煞笔

② shà 煞费苦心 煞白

杉 ① shān 杉树

② shā 杉木 杉篙

扇 ① shān 用力扇 扇动

② shàn 扇子 一扇门 电风扇

上 ① shǎng 上声

② shàng 上山　上下　上班
少 ① shǎo 多少　缺少　少许
② shào 少年　少壮
蛇 ① shé 毒蛇
② yí 虚与委蛇
舍 ① shě 舍弃　施舍　舍不得
② shè 宿舍　退避三舍
甚 ① shén 甚（什）么
② shèn 甚至
省 ① shěng 省会　节省　省略
② xǐng 反省　省悟　省亲
盛 ① shèng 茂盛　盛况　姓盛
② chéng 盛饭
什 ① shí 什锦　家什
② shén 什么
石 ① shí 石头　石油　石膏
② dàn 一石米
识 ① shí 识别　知识　见识
② zhì 博闻强识
属 ① shǔ 属性　金属　属于
② zhǔ 属意　属望
术 ① shù 技术　战术　术语
② zhú 苍术　白术（中药名）
数 ① shǔ 数不清
② shù 数目　数学　分数
③ shuò 数见不鲜
刷 ① shuā 刷子　刷洗　刷新
② shuà 刷白
说 ① shuō 说话　说明　学说
② shuì 游说
③ yuè 同"悦"
似 ① sì 相似　似乎
② shì 似的
伺 ① sì 伺机　窥伺
② cì 伺候
宿 ① sù 住宿　宿将　宿愿
② xiǔ 一宿
③ xiù 星宿
遂 ① suí 半身不遂
② suì 遂心　未遂

T

踏 ① tā 踏实
② tà 踏步　践踏
苔 ① tāi 舌苔
② tái 青苔　苔藓
提 ① tí 提升　提醒　提纲
② dī 提防
体 ① tī 体己话
② tǐ 身体　体质　体验　体操
挑 ① tiāo 挑水　挑选　挑剔
② tiǎo 挑战　挑拨
帖 ① tiē 妥帖　服帖　俯首帖耳
② tiě 请帖
③ tiè 碑帖　字帖　画帖
通 ① tōng 通行　通信　通知　通称
② tòng 说了一通
同 ① tóng 同样　同意　同伴
② tòng 胡同
吐 ① tǔ 吐气　吐痰　吐露
② tù 呕吐　吐血　吐沫
驮 ① tuó 驮运
② duò 驮子
拓 ① tuò 开拓　落拓　拓荒
② tà 拓本　拓片

W

瓦 ① wǎ 瓦房　瓦解
② wà 瓦刀
万 ① wàn 万物　万一
② mò 万俟（复姓）
为 ① wéi 作为　为首　成为
② wèi 为了　因为　为什么
尾 ① wěi 尾巴　尾音　尾随
② yǐ 马尾罗
委 ① wěi 委托　委屈　原委

② wēi 委蛇
乌 ① wū 乌鸦 乌云
② wù 乌拉草
挝 ① wō 老挝（国名）
② zhuā 挝鼓

X

铣 ① xǐ 铣床 铣工
② xiǎn 铣铁
系 ① xì 系统 系列 联系
② jì 系鞋带
吓 ① xià 吓唬 吓了一跳
② hè 恐吓 威吓 恫吓
厦 ① xià 厦门（地名）
② shà 大厦
纤 ① xiān 纤维 纤细
② qiàn 拉纤
鲜 ① xiān 新鲜 鲜艳 鲜美
② xiǎn 鲜见 朝鲜
相 ① xiāng 互相 相信 相当
② xiàng 相貌 真相 相声
巷 ① xiàng 大街小巷
② hàng 巷道
削 ① xiāo 削皮 削铅笔
② xuē 剥削 削减
校 ① xiào 学校
② jiào 校正 校对
芯 ① xīn 灯芯
② xìn 芯子
兴 ① xīng 兴奋 兴旺
② xìng 兴趣 高兴
畜 ① xù 畜牧
② chù 牲畜
旋 ① xuán 旋转 凯旋 旋即
② xuàn 旋风
血 ① xuè 血液 血统 心血 贫血
② xiě 流血了

Y

咽 ① yān 咽喉 咽头
② yàn 吞咽 咽气
③ yè 呜咽 哽咽
燕 ① yān 燕山（山名） 姓燕
② yàn 燕子
要 ① yāo 要求 要挟
② yào 需要 紧要 将要
叶 ① yè 树叶 荷叶 姓叶
② xié 叶韵
掖 ① yē 把被角掖好
② yè 奖掖 扶掖
遗 ① yí 遗失 遗忘 遗憾
② wèi 遗赠
殷 ① yīn 殷切 殷勤 姓殷
② yān 殷红
饮 ① yǐn 饮食 冷饮 饮恨
② yìn 饮马
应 ① yīng 应该 姓应
② yìng 答应 应付 应用
佣 ① yōng 佣工 雇佣
② yòng 佣金
与 ① yǔ 与其 与日俱增
② yù 参与 与会
吁 ① yū 象声词、吆喝牲口的声音
② yù 呼吁 吁请
③ xū 长吁短叹
员 ① yuán 学员 动员 幅员
② yún 伍员（古人名）
③ yùn 姓员
钥 ① yuè 锁钥
② yào 钥匙
晕 ① yūn 头晕 晕头转向
② yùn 晕血 晕车 月晕

Z

载 ① zǎi 登载 一年半载
② zài 装载 载歌载舞 搭载

脏 ① zāng 肮脏
② zàng 内脏

曾 ① céng 曾经
② zēng 曾祖 姓曾

轧 ① zhá 轧钢
② yà 轧平 轧花机

炸 ① zhá 炸糕 油炸
② zhà 爆炸 轰炸

栅 ① zhà 栅栏
② shān 栅极

占 ① zhān 占卜
② zhàn 占领 占据

涨 ① zhǎng 涨潮 涨价
② zhàng 涨红了脸

召 ① zhào 号召 召唤
② shào 姓召 召陵

折 ① shé 折耗 姓折
② zhē 折跟头 折腾
③ zhé 骨折 折服 折叠

挣 ① zhēng 挣扎
② zhèng 挣脱 挣钱

正 ① zhēng 正月
② zhèng 正面 正确

症 ① zhēng 症结
② zhèng 急症 症候

殖 ① zhí 繁殖 殖民
② shi 骨殖

只 ① zhī 船只 只身
② zhǐ 只有 只要 只管

峙 ① zhì 对峙 相峙
② shì 繁峙（地名）

中 ① zhōng 中心 中等
② zhòng 中肯 中毒

种 ① zhǒng 种子 种类 种族
② zhòng 种田
③ chóng 姓种

重 ① chóng 重复 重重 重阳
② zhòng 重量 重任 重视

轴 ① zhóu 轴心 轴承
② zhòu 压轴戏

爪 ① zhuǎ 爪子
② zhǎo 爪牙 张牙舞爪

拽 ① zhuāi 把球拽得老远
② zhuài 拽上 生拉硬拽

转 ① zhuǎn 转变 转送 婉转
② zhuàn 旋转 打转 转动

椎 ① zhuī 脊椎骨 颈椎
② chuí 铁椎 椎心泣血

着 ① zhuó 着衣 着落 着眼
② zhāo 高着儿
③ zháo 着凉 着火 睡着
④ zhe 顺着 忙着 为着

兹 ① zī 兹订于
② cí 龟兹（地名）

仔 ① zī 仔肩
② zǐ 仔细
③ zǎi 牛仔裤

钻 ① zuān 钻探 钻研
② zuàn 钻头 钻石

作 ① zuō 作坊
② zuò 工作 振作

柞 ① zuò 柞树 柞蚕
② zhà 柞水（地名）

附录二 因按形声字的声旁读音而造成误读的字

在形声字中，作为声旁的偏旁本来具有标指读音的功能，但由于古今语音的变迁，许多声旁现在不能准确表音，甚至完全不能表音。因此，若仍按“秀才识字看半边”的老办法去读，便很容易出错。下列词语中加着重号的字是容易被误读的字。

例字	应读	不读	例字	应读	不读
狭隘	ài	yì	驰骋	chěng	pǐn
沙家浜	bāng	bīng	沮丧	jǔ	zǔ
蓓蕾	bèi lěi	péi lěi	禅让	shàn	chán
悖逆	bèi	bó	炽热	chì	zhí
徘徊	huái	huí	鸟瞰	kàn	gǎn
小憩	qì	tián	慑服	shè	niè
迸裂	bèng	bìng	辍学	chuò	zhuì
膏肓	huāng	máng	喟然	kuì	wèi
悭吝	qiān	jiān	枢纽	shū	qū
裨益	bì	pí	淙淙	cóng	zōng
畸形	jī	qí	踉跄	liàng qiàng	liáng cāng
掮客	qián	jiān	吮吸	shǔn	yǔn
针砭	biān	fàn	痤疮	cuó	zuò
觊觎	jì	qǐ	联袂	mèi	jué
天堑	qiàn	zǎn	婆娑	suō	shā
濒临	bīn	pín	玷污	diàn	zhàn
歼灭	jiān	qiān	泥淖	nào	zhuó
惬意	qiè	jiā	饕餮	tāo tiè	hào zhěn
哺育	bǔ	fǔ	踱步	duó	dù
眼睑	jiǎn	liǎn	奇葩	pā	bā
侵占	qīn	jīn	倜傥	tì tǎng	chóu dǎng
忏悔	chàn	qiān	沸腾	fèi	fú
菁华	jīng	qīng	讷于言	nè	nèi
龋齿	qǔ	yú	殄灭	tiǎn	zhēn

例字	应读	不读	例字	应读	不读
桎梏	gù	gào	挟制	xié	jiá
蹒跚	pán	mǎn	熠熠	yìyì	xíxí
迢迢	tiáotiáo	zhāozhāo	砧板	zhēn	zhàn
引吭	háng	kàng	机械	xiè	jié
骈文	pián	bìng	无垠	yín	gēn
呷一口	xiā	jiǎ	浸渍	zì	zè
干涸	hé	gù	绚丽	xuàn	xún
蹊跷	qī	xī	拥护	yōng	yòng
纤维	xiān	qiān	对峙	zhì	shì
涎水	xián	yán	笑靥	yè	yàn
屹立	yì	qì	铡刀	zhá	zé
蛰伏	zhé	zhí	惴惴	zhuì	chuǎn
骁勇	xiāo	yáo	轶事	yì	shī
造诣	yì	zhǐ	破绽	zhàn	dìng
车辙	zhé	chè	谆谆	zhūnzhūn	chùnchùn